非遗博览

传承东方韵味的文化遗产

朱 辉／著

台海出版社

序

言

　　中国，作为世界上四大文明古国之一，拥有着上下五千年的悠久历史。早在距今五千八百年前后的远古时期，我国黄河、长江中下游及辽河地区便已经出现了文明起源的迹象，在随后的五百年里，中华大地陆续进入文明阶段。前 1500 年前后，中原地区已然形成更为成熟的文明形态，并向四周进行辐射，产生了较强的文化影响力。

　　我国疆域幅员辽阔、自然条件千差万别，青藏高原、柴达木盆地、塔克拉玛干沙漠、东南丘陵、黄河流域、东北平原、内蒙古草原、青海湖等各式各样的地貌，分布在国家的各个地区。复杂宽广的地理环境，产生了不同的民族，在两千多年前的汉代，脚下这片土地上已经是以汉民族为主体的统一的多民族国家。各族文化和民俗在这里相互交融、影响，逐渐形成了独特的中华文明和中华文化，五十六个不同文字、不同语言、不同服饰、不同信仰的民族，从此有了相同的名字——中华民族，也称"龙的传人"。

　　五千多年的传承与发展，记载着中华儿女的勤劳与智慧，很多不可复制的建筑和雕塑作品至今仍旧屹立在中华大地上，如同钢筋铁骨一般，撑起中华民族的脊梁。万里长城是世界上最长的城墙；京杭大运河是世

界上最长的人工运河；丝绸之路是世界上最古老的东西贸易通道；故宫是世界上最大的宫殿；乐山大佛是世界上最大的石刻佛像……这些都是我们宝贵的物质文化遗产。同时，中国也是东亚文化圈的文化宗主国，在文学、艺术、技艺、医药、民俗等方面，也取得了卓越的成绩。这些内容渗透在我们生活之中，如同无形的纽带，将海内外中华儿女的心紧紧连在一起，这便是越来越受到保护和重视的非物质文化遗产。

随着科技的发展、社会的进步和多种多样的文化冲击，这些依靠言传身教的非物质文化遗产的传承正面临着较大的困难。一些口口相传的内容没有明确的文字记载，在传承过程中内容遗失，还有一些家族或者门派只对内部传授技艺，因为传承人过少而濒临失传，即便是非遗手艺人愿意开班授课，现在愿意学习这些技艺的年轻人也越来越少，不少优秀的传统文化正在逐渐淡出人们的视野，并走向衰亡。因此，对于非物质文化遗产的保护和继承迫在眉睫。

联合国教科文组织在 2001 年选出 19 项内容进入《人类口头和非物质遗产代表作名录》，目的是对这些濒危的文化形式提供法律保护和财政帮助，我国的昆曲就是其中之一，并在 2003 年通过了第一部保护非物质文

化遗产的文书《保护非物质文化遗产公约》。为了进一步加强我国优秀传统文化的保护、继承与弘扬，国务院决定从 2006 年起，每年 6 月的第二个星期六为我国"文化和自然遗产日"，并于 2011 年通过并实施《中华人民共和国非物质文化遗产法》，将我国的文化遗产分为：（一）传统口头文学以及作为其载体的语言；（二）传统美术、书法、音乐、舞蹈、戏剧、曲艺和杂技；（三）传统技艺、医药和历法；（四）传统礼仪、节庆等民俗；（五）传统体育和游艺；（六）其他非物质文化遗产。且国务院先后于 2006 年、2008 年、2011 年、2014 年和 2021 年分五个批次公布了上千项国家级非物质文化遗产，其中，昆曲、古琴艺术、中国篆刻、中国书法、中国雕版印刷技术、中国剪纸、京剧、中医针灸、中国皮影戏、中国珠算、二十四节气、太极拳等 43 项内容已列入联合国教科文组织的《人类非物质文化遗产代表作名录》。

目前已经公布的 1557 项国家级非遗代表性项目，又包含着 3610 个子项，几乎涉及每个地区和民族，对非物质文化遗产起到了切实的保护作用。在党中央和各级人民政府的帮助和努力下，许多以前没有记载的非遗项目，被收集、整理、编撰成册，并有专门的人员对这些内容进行拍照、摄影，留下了珍贵的影像资料。同时，这些传统手艺和传统文化、艺术等内容，也更多地出现在书本和电视节目中，有些地区还使其走进了学生课堂，甚至成立了专门的培训学校，这些措施对传承和发扬我国优秀非物质文化遗产，都起到了积极的推动作用。

中国作为一个历史悠久的文明古国，非物质文化遗产非常丰富，这是中华民族在长期的生产和生活实践中创造出来的，是中华民族智慧与文明的结晶。在科技飞速发展的今天，我们仍旧需要这些非物质文化遗产，它们伴随着中华民族走过了几千年的历史，为历史文化和民俗信仰等方面的研究提供了有力依据，对于增强民族认同感、民族自豪感和民族凝聚力有着重要作用，也促进了经济社会的全面、协调和可持续发展。

对于我国优秀非物质文化遗产的发现、保护、继承、弘扬工作，我们还有一段漫长的道路要走，但好在我们已经在路上。

目 录
CONTENTS

第四章　传统戏剧

第五章　曲　艺

第六章　传统体育、游艺与杂技

目 录
CONTENTS

第七章　民间美术

第八章　传统技艺

第九章　传统医药

第十章　民　俗

第一章

代代相传的民间文学

炎帝神农传说——贤能为民的华夏始祖的故事

提到"炎黄子孙"就不得不提华夏的两位始祖——炎帝与黄帝。相传，炎帝是中国远古时期部落首领，他教人们种植五谷、制作陶器、削木为弓、治麻为布，还亲自品尝草药，为人们治病。在炎帝的带领下，其部落也变得越来越强大。而黄帝轩辕氏是"五帝"之首，曾播百谷草木，大力发展生产，制衣冠、制音律，被尊为"人文初祖"。

炎帝神农氏

炎帝神农氏是我国起源传说中一位极具传奇色彩的人物，他为后世华夏民族的生存和发展，做出了杰出贡献。

相传在炎帝时期，人类经过不断的繁衍生息，自然界的食物已经不能满足人们生活的基本需求了。于是，炎帝便带领大家制作农具耒耜，并且教大家如何播种和收获农作物。人类有了充足的优质的粮食，生活也逐渐安定下来。

随着生活渐渐富足，炎帝发现人们生活中还有诸多不便，于是，让人设立了交易市场。那时，没有时间观念，他就规定当太阳在人们头顶的时候，大家可以到指定地点，用自己不需要的东西，交换其他人手中自己需要的东西，例如，用五谷换石斧工具等。有了这种交换，人们的财产日益增多，也形成了早期的市场，为我国后续货币交易和商业发展奠定了坚实的基石。

除此之外，炎帝神农氏还有很多故事传说，比如他教先民制作麻布，穿着衣裳；制作五弦琴，供百姓娱乐；始创弓箭，防止野兽袭击；制作陶器，改善民众生活；等等。《国语》《左传》《汉书》《水经注》等历史文献中，均有关于炎帝的记载。由此可见，炎帝神农氏的传说由来已久，自古便是我国民间文学的珍宝。

神农尝百草

在炎帝神农氏的所有传说中，"神农尝百草"是流传最广的。相传远古时期，人们只能靠打猎和采集野果为生。那时候的人们还不了解各种动植物，有时人们会误食有毒的野果、杂草和动物，就只能十分痛苦地死去。如果生了病，也只能硬生生地熬。神农氏不忍心看到自己的子民们受苦，便下定决心，亲自品尝天下的草木，以此告诉大家哪种草药有毒，哪种草药无毒。

于是，准备妥当后，神农氏就带了几个随从向西北方向的大山走去。他每走到一个地方，就品尝当地新发现的草木植物。传说，神农氏的肚皮是透明的，人们可以清楚地看到他吃下的东西对五脏六腑起到的作用。神农氏让随从把自己尝过的草木都记录下来，比如，哪些能充饥，哪些能治病，哪些能解毒。

有一天，神农氏发现了一种从未见过的野草。他摘下一片叶子，放进嘴里品尝，叶子在嘴里的时候，神农氏并没有觉得不对，但吃下去后，神农氏的肚子立刻就变黑了。他一边忍着腹痛，一边赶紧让随从把这个情况记录下来，并将这种有剧毒的草命名为断肠草。吃了断肠草后，神农氏就去世了。神农氏为我国中医药学的产生和发展开了先河，为了纪念他，我国将现存最早的药物学专著命名为《神农本草经》。

神农陶瓷像

神农氏，传说中的农业和医药的发明者，被世人尊称为"药王""五谷王""五谷先帝""神农大帝"等。

黄帝和炎帝的雕像

黄帝在统一华夏的过程中，与炎帝部落在阪泉进行了一次战争。炎帝即神农氏，他们部落的经济生活中农业占较大比重。

明　郭诩　《神农尝百草图》

神农氏在天帝花园取瑶草时遇到天帝，天帝赠其神鞭。他尝百草过程中多次中毒，后因茶而解毒。他誓言要尝遍所有的草，最后因尝食断肠草而逝世。

炎帝神農氏 姜姓人身牛首 火德王

炎帝神农像

神农氏被视为我国药物的发现者和使用者，被尊奉为中国医药学之创始者。我国第一部系统论述药物的著作，被命名为《神农本草经》，即有尊崇怀念神农之意。

梁　张僧繇　《神农伏羲像轴》

张僧繇从事绘画创作，构思敏捷，此图在技法上，独辟蹊径，广收博取，极富表现力。

明　仇英　《帝王道统万年图》

图绘神农尝百草，落笔纯熟，色调以青绿重彩为主，间或掺用泥金钩边，画面鲜艳而华丽。

神农传说的传承

炎帝神农的传说是我们中华民族的文化之源，凝聚着世代炎黄子孙的民族之魂。该传说中所体现的艰苦创业精神和开拓创新精神，至今仍值得我们继续传承和发扬。它激励着世代中华儿女不怕困难、顽强拼搏、乐于奉献、勇于争先的精神，更维系着海内外炎黄子孙的民族认同感和自豪感，在每位炎黄子孙心里，都占据着重要的地位。

中华人民共和国成立后，随着传统讲述者老去，能完整讲述炎帝神农的传说的人越来越少，年轻的学艺者更愿意背诵书本中的唱词，口述传说，愿意学的人越来越少，就连喜欢听的人也越来越少，炎帝神农的传说亟须我们的保护与传承。

近年来，政府越来越重视传统文化保护，炎帝神农传说也于2008年正式列入国家级非物质文化遗产名录，随后在湖北等地区相继举行了很多庆典和演出活动，让更多的人了解和参与到炎帝神农传说的传承活动中来，这场跨越几千年的文化交流，定能让它拥有新的时代内涵，焕发出新的活力！

唐　贯休　《古代帝皇图》

图中绘有神农、女娲、伏羲、高阳、高辛五帝。

仓颉传说——炎黄时期的造字神话

汉字是我国特有的汉语记录符号，其历史源远流长，早在一千三百年前的甲骨文与金文时期，就已经初具雏形了。在漫长的历史中，汉字先后以大篆、小篆、隶书、楷书、草书等形式出现，最终，经过几千年的演变，成为我们今天所使用的文字。

仓颉造字

关于汉字的起源，自古便流传着一个动人的传说，那就是仓颉造字。相传，仓颉原姓侯冈，名颉，出生于陕西省白水县的乌羽山，是黄帝的史官。他一直按照祖先流传下来的结绳记事的方法来记录事件和史料，只是时间一长，他也难免会忘记那些大小不一、形态各异的绳结究竟代表什么含义。

有一次，黄帝要与炎帝会谈，命仓颉整理两个氏族的历史，他仔细辨认数日，仍然弄错了内容，遭到了黄帝的训斥。从此之后，他便立志要发明一种用符号来替代结绳记事的方法。

仓颉苦思冥想也不得要领，在家人的劝说下，他决定去游历山川大河寻找灵感，终于有所启发。为了不受外界打扰，回到家中的他躲进山沟内，拒绝与家人和朋友见面，最终仿照世间万物的形态，创造出了"字"。这个时期的字，都是象形字，例如，"日"字是一个圆圈，"月"字是一个月牙，"山"字是高低错落的山峰，"水"字是几道波纹，"爪"字是按照鸟兽的爪印勾勒的，"人"字是人类的侧影简化的。

有了这些文字，人们记录内容就方便多了。为了推广文字，仓颉广设学堂，

清　佚名　《历代帝王圣贤名臣大儒遗像·仓颉像》

仓颉曾把流传于先民中的文字加以搜集、整理、规范和使用，在创造汉字的过程中起了重要作用。

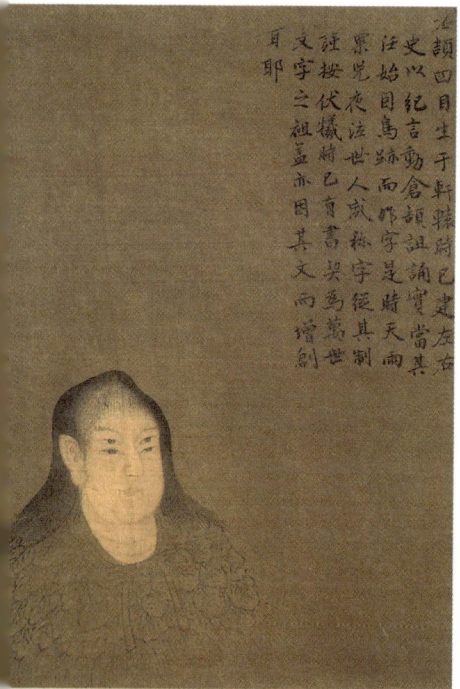

清　佚名　《历代圣贤半身像册·仓颉像》

无论是黄口小儿，还是白发老人，通通都是他的学生，仓颉的名字也和汉字一起传遍了中华大地。

仓颉与汉字

除了仓颉造字的传说外，中国古代还流传着许多仓颉与汉字的其他传说，比如"仓颉以字降妖"和"天雨粟，鬼夜哭"的故事。

"仓颉以字降妖"的故事是说，在仓颉造字时期，有精怪妖鬼常常作祟，为害人间。仓颉创造文字后，精怪们唯恐自己的恶行被仓颉记载下来，于是便想尽办法残害仓颉，毁灭文字。结果，仓颉不仅没遭到暗算，还被玉皇大帝请到天上去参加蟠桃大会。玉皇大帝特别表彰了他的功绩，仓颉趁机把精怪妖鬼们的谋划说了出来。神仙们听后，便赋予汉字一种神力，只要仓颉每夜枕着书睡觉，精怪妖鬼们便不敢靠近。

而在"天雨粟，鬼夜哭"的故事里，仓颉是以四只眼睛的形象出现的。当时，仓颉是黄帝的史官，黄帝见人们交流沟通十分不便，便把创造汉字的工作交给了仓颉。仓颉用四只眼睛观看日月星辰、山川河流、飞禽走兽，多年后，终于创造出了汉字。

造出汉字后，黄帝便召集人们学习和推广。可就在黄帝把人们召集到一起学习汉字时，天空突然降下了粟雨。粟是一种粮食，上天降下粟雨，是为了庆祝人间终于有了文字，同时也警告人们不要只顾耍弄文字，而忘了农耕大事。

当天夜里，精怪们也发出了哭嚎声。原来，它们担心人类会用文字把它们的秘密与恶行公布，被天上的神仙发现它们的罪孽与行踪。同时，精怪们也担心人类使用文字后会变得更加聪明，从而发动牵连三界的大战。

关于仓颉造字的传说在战国时期便已经流行，《吕氏春秋》和《说文解字》中均有对这一传说的记载。在后世传承的这一民间文学中，仓颉造字的传说不断丰富和发展，与其相关的"用字敬字""降妖伏怪""圣人显灵""木石变形"等内容也不断发展。

这些传说故事，除了歌颂仓颉造字的伟大功绩外，更蕴藏着古代人民与自然做斗争的不屈精神，体现着中华民族伟大的智慧和创造力。

中华汉字文化

汉字作为世界上最古老的文字之一，不仅是世界上使用时间最长的文字，也是唯一从上古时期文字体系中传承下来的文字。

中国历代都是把汉字作为官方文字，汉字不仅是汉语不同方言区之间正常交流的重要纽带，在古代时还是东亚地区唯一的国际交流文字。20世纪以前，日本、朝鲜半岛和东南亚的越南等国家和地区，都将汉字作为官方文字，还编制了《常用汉字表》和《教育用基础汉字》等书籍。

为了更好地继承与发扬仓颉传说，2002年，位于陕西省白水县的仓颉庙和仓颉墓被列为国家重点保护文物。2010年，联合国教科文组织把祭祀仓颉的谷雨节气确定为"中文语言日"。2014年，仓颉传说正式列入国家级非物质文化遗产名录。

仓颉传说作为中华民族的宝贵文化财富，发扬和传承这一文化，对于提高民族自豪感和增强民族凝聚力，有着重要的价值和意义。

白蛇传传说——缠绵悱恻的"断桥"往事

　　《白蛇传》是中国家喻户晓的民间爱情传说，它流行于清朝，讲述的是修炼成人形的蛇精与人之间曲折的爱情故事。《白蛇传》表达了人们对美好爱情的向往，也表达了对封建势力的憎恶。时至今日，仍然有不少影视剧作家喜欢以《白蛇传》为原型，来呈现自己对这个故事的理解。

《白蛇传》传说

　　相传，白素贞是一条修行千年的白蛇，她与侍女小青，在西湖边的药铺里与许宣邂逅。一场大雨，让白素贞与许宣一见钟情，并结为夫妻。

　　可是，婚后长时间的相处让白素贞屡屡露出破绽，许宣因此心生怀疑。当时，镇江金山寺的高僧法海途经此处，便赠予许宣一个钵盂。法海告知他，只要将此物罩在白素贞身上，就可以让她现出原形。许宣如此照做，成功圈住白素贞与小青。法海将钵盂放置到雷峰寺前，命人在上面修建七层宝塔，打算永远镇压白素贞，这便是今天的雷峰塔的由来。

　　这是最初版本的《白蛇传》传说，这个故事始于唐五代时期，基本成形于南宋。到了元代，它被改编成了杂剧和话本，由演员登台表演。在演员的演绎下，《白蛇传》的故事才逐渐丰满起来。白蛇的传说源自明代冯梦龙编纂的拟话本《白娘子永镇雷峰塔》，经过清代方成培的改编，白蛇传说终于演变成了今天家喻户晓的《白蛇传》。

　　在最终成形并流传至今的《白蛇传》中，许宣已经被更名为许仙，而白素贞也不再是被收于钵盂中，而是在雄黄酒的作用下现出原形。后来，为救许仙，白素贞不惜上天庭盗仙草，与法海斗法，水漫金山寺。产子后，她被镇压于雷峰塔下，但最终被高中状元的儿子祭塔救出，一家人得以团圆。

不同版本的《白蛇传》

《白蛇传》讲述了一段缠绵悱恻、凄美动人的爱情故事。其中，白娘子与许仙在西湖断桥相遇，又在断桥重逢的情节，让无数人流下感动的泪水。浪漫主义与现实主义在故事中融合，写实与写意并重，反对邪恶、弘扬善举、追求婚姻自由的主题非常鲜明。主人公白娘子这一形象的丰富和变化，也充分体现了从古至今广大劳动人民对真挚爱情的渴望和尊重，以及对解放人性的迫切要求。

白娘子从最初版本中为了一己私欲与人类成亲的蛇妖，变成贤惠温柔、善良勇敢的女性形象，她大胆追求自由和爱情，坚忍顽强的形象，不仅体现出人们的美好愿景，也鼓舞着一代又一代的人们。同时，《白蛇传》也存在大量男女平等的思想，比如，白素贞在许仙取伞时主动请求婚配的情节，就冲击了古代"男尊女卑""媒妁之言"的思想；白素贞被镇压在雷峰塔下的情节，也可以说是古代女性独立精神受到压制的象征。

《白蛇传》在代代相传的过程中，不仅反映了封建社会不同时期的社会思想、民众信仰，也反映了人们深层次的心理，具有重要的历史价值。同时，《白蛇传》角色众多，关系错综，意象丰富，也具有极高的文学价值与文学改编

南宋时期的雷峰塔模型

雷峰塔主体为平面八角形体仿唐宋楼阁式塔，各层盖铜瓦，转角处设铜斗拱，飞檐翘角，总高 71.679 米。

清　董邦达　《西湖十景图卷》

"西湖十景"是指浙江省杭州市著名旅游景点西湖及其周边的十处特色风景，是古代西湖胜景的精华。

古人尝九十景东
方有南高峰
西阁高亦南峰
左学成偶置馀杭
台东结换祝永
维二月以重晋
真形西亦以岁
景实西湖图绘
方色此中掌如何
寄何以矛子铭
弓知庭子爱等
游山尚比拣湖山
危贵方会浪以
远陵世叶克颖
以上人鉴有失实
其美夷克于古
子但阑云名知
苦传西湖比西

015

明　宋懋晋　《西湖胜迹图册》

此图专绘西湖名景，用笔清逸，意境淡雅，可见西湖之美。

价值。

时至今日，我们对白蛇传传说的改编与创作仍未停止，关于《白蛇传》的小说、电影、电视、动漫、歌曲、舞蹈等各种文艺形式更是百花齐放，优秀作品亦是层出不穷。如今，《白蛇传》的影响力不断扩大，甚至远播日本、朝鲜、越南、印度等许多周边国家，并逐渐成为世界闻名的中国经典民间传说。

《白蛇传》与杭州西湖

《白蛇传》的故事发生在美丽的杭州西湖边，它与西湖、断桥、雷峰塔等景观有着密不可分的关系，使杭州和西湖都具有了更为丰厚的文化内涵。

杭州作为浙江省的省会，既是中华文明的发祥地之一，也是我国首批历史文化名城之一，素有"人间天堂"的美誉。这里交通便利，物产丰富，风景秀丽，其中，西湖是杭州市最为出名的风景之一，甚至有人把它作为杭州的代名词。

西湖位于杭州市区西部，它占地辽阔，水源充沛，景色优美，环境怡人，景点多达百处，最著名的是断桥、苏堤、雷峰塔、钱王祠、西泠印社等地。这里自古以来便是文人墨客的聚集地，流传下来大量的古诗词和绘画作品，也有很多我们耳熟能详的民间传说故事。

在西湖众多的民间传说中，《白蛇传》流传最广，也最受欢迎。2006 年，白蛇传传说经国务院批准被列入第一批国家级非物质文化遗产名录，至此，白蛇传传说有了新的历史使命和时代意义，相信它一定会继续感动着我们，陪伴我们中华民族长长远远地走下去！

孟姜女哭长城——长城上的悲凄爱情

　　长城，是举世闻名的军事防御工程。关于长城的修筑，最早可追溯到西周，春秋战国时期是长城的第一个修建高潮。那时修建的长城长度比较短，直到秦始皇统一六国之后，他下令连接和修缮了各国的长城，才有了现在的"万里长城"。如此庞大的工程，势必要征用数以万计的民夫，"孟姜女哭长城"这一具有悲情色彩的文学故事正是从这里生根发芽的。

孟姜女与杞梁妻

　　孟姜女的故事最早记载于《左传》，故事的主角和发生地都是在齐国，也就是今天的山东省境内。书中记载，春秋战国时，齐国将领杞梁奉命率兵攻打莒国，不幸身亡，杞梁的妻子孟姜女到郊外迎接他的棺椁。齐庄公想在郊外吊唁，但孟姜女认为这里不是祭奠的地方，不肯接受，要求其按照宫舍礼节进行祭奠。杞梁安葬后，孟姜女仍悲痛万分，痛哭不止。齐国的政治家、思想家淳于髡曾提到"杞梁之妻善哭其夫而变国俗"，后世的《礼记》中也有记载称：孟姜女"哭之哀"，西汉刘向所著的《说苑》中，更是有"其妻悲之，向城而哭，隅为之崩，城为之阤"的说法。

　　孟姜女知礼重情的故事，深受古代人民的赞颂，几乎传遍了中华大地，有着极其深厚的群众基础。在后世两千多年的流传中，孟姜女的传说在内容上也发生了变化，故事从齐国搬到了燕国，哭倒的长城从齐长城变成了秦长城，孟姜女悲惨的命运也与秦始皇和秦长城联系到一起。

孟姜女哭长城

大约在唐代，孟姜女千里寻夫、哭崩万里长城的故事就已经具备了雏形。相传，秦朝有个女子名叫孟姜女，她聪明伶俐、美丽异常。有一天，一位年轻人闯入孟姜女家中。年轻人名叫范喜良，他自幼读书、满腹经纶，但秦始皇为了修筑长城四处抓壮丁，他为了躲避抓捕，这才闯进了孟姜女家中。

孟姜女与范喜良一见倾心，孟父见范喜良为人忠厚老实，便将孟姜女许配给他。可是，就在两个人成亲当天，秦朝的官兵抓走了范喜良。孟姜女日夜思念和担心丈夫，便决定去寻找他。她带着寒衣千里寻夫，历经千难万险终于来到长城脚下。可是，此时孟姜女才知道自己的丈夫已经因为劳累过度去世了。而且，丈夫的尸骨就埋在长城之下。

孟姜女悲痛欲绝，忍不住放声大哭起来，不知道哭了多久，孟姜女忽然听到一声巨响，她擦了擦眼泪，这才发现长城竟然坍塌了八百里。长城下埋了许多尸骨，孟姜女咬破手指，用滴血验骨的方式找到了丈夫的遗骸，并将尸骨带回了家。

秦始皇在巡游途中听说长城坍塌，立刻下令把孟姜女抓捕回来。可一见到孟姜女，秦始皇便被她的美貌惊住了。秦始皇有意选她做妃子，孟姜女却说道："你修建长城，让天下生灵涂炭，还害死了我的丈夫，我怎么能答应你？"说完，孟姜女便跳河自尽了。

宋　佚名　孟姜女哭长城

孟姜女的故事反映了人民对封建暴政的痛恨和对自由幸福生活的渴望与追求。

社会现实与文学艺术

清 佚名 秦始皇像

秦始皇修建长城，是为了保护北部边境人民的生命财产安全，其目的是减少人民的负担。

千百年来，长城屹立在中华大地上，它不仅见证了古时封建朝代的变换更迭，更见证了历代人民的生产生活，是我国古代千千万万劳动人民血汗和智慧的结晶。

高大坚固的城墙随着山脉起伏，连绵不断地延伸到远方，就像是一条盘桓在中华大地上的巨龙，为我们贡献了一幅宏伟壮美的画卷，同时也随之产生了不少民间故事和传说，如烽火戏诸侯、定城砖、击石燕鸣、山羊驮砖等，但流传最广的，还要数"孟姜女哭长城"。

古代战事频繁，徭役繁重，家人分别、夫妻离散的悲惨故事，几乎每天都在发生。孟姜女勤劳勇敢、重情重义的性格特点深受广大人民喜爱和敬佩，她与丈夫伉俪情深的凄美爱情，也感动着无数中华儿女。孟姜女哭长城这一传说，让我们深刻认识到战争给百姓带来的悲惨和痛苦，也表达了古代人民对于战争的抵触和厌恶之情。

"孟姜女哭长城"作为我国民间四大爱情传说之一，具有广泛的群众基础和民间性。此文学故事情节曲折动人，人物形象立体丰富，所含情感质朴真挚，拥有深厚的历史内涵和思想内容。民间艺人以"孟姜女哭长城"为灵感，创作了不少民歌、小调、戏曲、唱词等艺术作品，可见"孟姜女哭长城"的文学故事在历史、文学、艺术方面都有很高的价值，值得我们发扬和传承。

杨家将传说——三代抗辽的英雄事迹

《杨家将》是以宋朝的真实历史为背景创作的演绎作品，杨家将的原型为北宋时期的杨业、杨延昭和杨文广三代，而戏剧传说中的杨家将则是指"一口金刀八杆枪"的金刀令公杨继业、大郎杨延平、二郎杨延定、三郎杨延光、四郎杨延辉、五郎杨延德、六郎杨延昭、七郎杨延嗣八人。杨家将传说带有浓厚的英雄主义悲情色彩，为历代影视剧作家所喜爱。

历史上的杨家将

杨家将的第一代英雄，"金刀令公"杨继业在历史上是确有其人的。《宋史》《辽史》《续资治通鉴》中均有关于他的记载。杨继业的原型为杨业，他少时参军，侠肝义胆，尤其擅长骑射。北宋时期，他因为骁勇善战、战功赫赫，被国人尊称为"杨无敌"。

彼时，宋朝与辽朝发生摩擦，宋太宗任命杨业为左领军大将军。当辽军从雁门关进攻之时，杨业率数百骑兵从小路绕行至辽军背后，与先前部队形成前后夹击之势，大败辽军。

雍熙三年，宋太宗决定伐辽，收复燕云十六州。杨业任副将，一路夺回云、应、寰、朔四州，但因主力军中路失利，他只能与主将潘美、监兵王侁商议，自己率兵冒险进山，让他们在陈家谷这一战略要道部署兵弩接应。杨业力战数日，等他转战陈家谷时，才知道潘美等人早已撤兵，后方根本无人接应。杨业最终被辽将设计生擒，最后绝食而亡。

"杨家将传说"从历史出发，经过不断发展和改编，最终形成了祖孙三代英雄家族的群体形象。在国家遭遇危难之际，杨家一门儿女挺身而出、顽强迎

四郎兄弟二人俱入關內直問李達家

四郎五郎扮做百姓入
城守城軍士尸查大辦
不認人

明　佚名　出像杨文广征蛮传

此书是根据明清一些杨家将演义小说描绘的一个故事绘本，戏曲中杨文广是杨宗保之子、杨延昭之孙，杨宗保娶了穆桂英。

战，他们身上浓重的爱国情怀、坚韧勇敢的优秀品格和勇于奉献、勇于承担的英雄气概，至今仍值得人们学习。

杨家将传说

在戏剧小说中，杨家将"一口金刀八杆枪"威震天下，让辽兵闻风丧胆。可是，大宋有一个奸臣名叫潘仁美，经常迫害杨家将。

当时，辽朝皇帝约宋太宗前往金沙滩共赴"双龙会"，宋太宗不知是计，便不顾杨继业的劝说，欣然赴会。果然，辽朝皇帝用计将宋太宗等人困在行宫，打算派兵前去剿杀。宋太宗十分懊悔不听杨继业的话，但为时已晚。

为了保护宋太宗与八王赵德芳，杨继业让自己的儿子——大郎杨延平和二郎杨延定假扮二人，被敌将乱刀砍死。杨继业与三郎杨延光在保护二人途中战死沙场，四郎杨延辉被俘流落敌国，五郎杨延德受重伤后在五台山出家。此番赴会，杨家回来的只有六郎杨延昭和七郎杨延嗣。杨延嗣虽然杀出重围，却因为潘仁美泄私愤而被绑在军营的高杆之上射杀。最后，杨家一门只有六郎杨延昭活了下来。

后来，杨延昭为大宋呕心沥血，征战沙场。随着演义改编的需要，"四郎探母""七郎吃面""七郎八虎闯幽州"等内容也被添加进来，杨家将传说也变得更加丰富起来。

杨门女将

"一门世代建奇功，千载传诵英烈名。有口皆碑斥奸党，无出其右在英雄。馋讽难图青史册，鸦道其乱春雷鸣。今日重说杨家将，浩气长存颂良忠。"

这首诗歌是我国著名评书表演艺术家田连元先生，为其长篇评书《杨家将》创作的结尾判词，赞颂了北宋著名军事家族杨氏一门祖孙三代保家卫国、奋勇抗辽的英雄事迹。其实，杨家将传说中还有一类不可忽视的故事，那就是杨门女将的传说。

从第一代杨业的妻子佘太君，到第二代杨家将的妻子们和杨八姐、杨九妹，再到第三代六郎长子杨宗保的妻子穆桂英，以及烧火丫头杨排风等，这些人物故事均显示出了女性的力量。在杨门女将的传说中，最著名的当属"穆桂英挂帅"。"穆桂英挂帅"是京剧中极为重要的选段，五十三岁的穆桂英，还能挂先锋印，深入险境，力战番将，并取得最终胜利，真可谓巾帼不让须眉。

杨门女将的故事歌颂了杨家满门忠良，世代保家卫国的爱国情怀，也生动地描绘出一群久经沙场、美丽勇敢的女性形象，深受大家的敬佩和喜爱。

年画：穆桂英大破天门阵

讲述了巾帼英雄穆桂英与丈夫杨宗保相识相知，并带领宋军成功破解辽军天门阵的故事。

阿诗玛——坚强勇敢的彝族少女

在我国四季如春、景色怡人的西南地区，分布着众多生产生活和风俗习惯各异的少数民族，彝族便是其中之一。彝族历史悠久，人口众多，是我国第六大少数民族。彝族聚居地属于高原地区，这里分布着大大小小的丘陵、盆地、河谷、石林和溶洞等。在生产生活过程中，彝族人创造了不少民俗文化和英雄故事，其中最出名的便是阿诗玛传说。

阿诗玛传说

阿诗玛是用撒尼彝语创作的叙事长诗，"阿诗玛"一词，在彝语中意为像金子一样闪光的女子。相传在很久以前，贫苦的格路日明家生了一个美丽的女儿，取名阿诗玛。她不仅勤劳善良，还能歌善舞，族里的很多小伙子都喜欢她，但是，阿诗玛只喜欢聪明勇敢的孤儿阿黑，并在火把节上，跟青梅竹马的阿黑定了亲。

不料，财主热布巴拉家的儿子阿支也看上了阿诗玛，可不管他们请媒人说亲，还是威逼利诱，阿诗玛都不肯改变主意。于是，财主家动了歪心思，他们趁阿黑到远方牧羊的时候，派人抢走了美丽的阿诗玛并强迫她嫁给阿支。可是，无论他们说什么做什么，哪怕是用鞭子抽打，阿诗玛都宁死不从。

阿黑知道之后，立刻赶回来营救阿诗玛，他和阿支进行了几场比试，比如，砍树、播种、山歌对唱等，阿黑全部获得了胜利。热布巴拉不肯就此作罢，让家丁放出三只猛虎，结果被阿黑三箭射死，阿黑将阿诗玛救出。但是，狠毒的热布巴拉父子又勾结了崖神，在阿黑和阿诗玛过河的时候，放洪水卷走了阿诗玛。

最终，阿诗玛被十二崖子的应山歌姑娘所救，变成了石峰，也就是回声神。从此之后，美丽的阿诗玛石像便留在了石林，你怎么喊她，她就怎么回答你，她的声音和影子永远留在了人世间，感动着世代的彝族人民和到访游客。

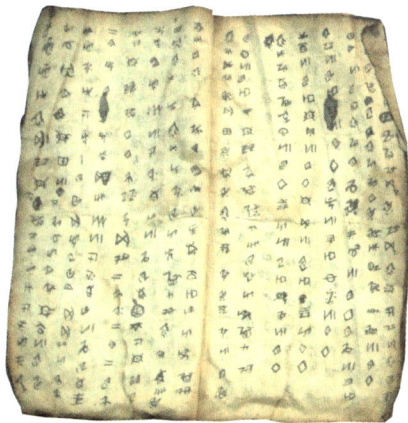

云南民族博物馆的手稿彝文典籍《阿诗玛》

阿诗玛与彝族文化

在叙事长诗《阿诗玛》中，彝族文化细节融于其中。比如，故事的发生地"阿着地"，其实就是撒尼彝族先民们曾经居住的地方；再比如，长诗中涉及的大量数字，如，99、120等，也都是撒尼彝族人生活中用来形容多数的数字。

在《阿诗玛》长诗中，几乎每句话都有着浓郁的民族风格。比如，在"床头拿麻团，墙上拿口弦，口弦阵阵响，姑娘去公房"一句中，口弦是撒尼彝族人常用的一种乐器，而公房则是撒尼青年12岁以后到结婚之前集中住宿的地方，男青年住在男公房，女青年住在女公房。每天晚上，青年男女们就会在公房中唱歌、弹乐器，尽情欢乐。

再比如，在"告诉我的小伴，每次出去玩耍，不论是端午还是中秋，不论是六月二十四还是三月初三，吹着清脆的笛子，弹着悦耳的三弦，你们来叫我，我就应声回答"一句中，农历的六月二十四是火把节，是彝族最盛大的节日，而三月初三是撒尼青年们寻找爱人、尽情玩耍的节日。这里提到的三弦，也是彝族在重大节日时必不可少的乐器。

阿诗玛石刻

可以说，《阿诗玛》长诗不仅是著名的爱情故事，也是了解彝族撒尼人特有的民族文化的一部"百科全书"。

《阿诗玛》的传承

《阿诗玛》共有十三章，是用五言句记述的民间艺术瑰宝，它灵活运用了口传诗体语言和夸张、讽刺、谐音、顶真、比喻等多种修辞手法，故事情节从阿诗玛出生、成长开始，到热布巴拉说媒抢亲、关押阿诗玛，再到阿黑救出阿诗玛、阿诗玛变成回声神，基本概括了彝族少女阿诗玛与命运抗争的悲惨一生。

《阿诗玛》是撒尼彝族人民经过漫长的历史进程而形成的集体智慧的结晶，既可以作为叙事诗，又可以演唱，在婚丧嫁娶和劳动生活等不同场合中均可以进行讲演。

彝族少女阿诗玛的传说，不仅塑造了一位勤劳美丽、善良勇敢、重情重义的撒尼姑娘，更体现出了撒尼彝族不畏强权、不屈不挠、宁折不弯的性格特征，蕴含着彝族人民对于幸福、自由生活的不懈追求和对邪恶势力绝不妥协的民族精神。

《阿诗玛》在民间广为传唱，具有鲜明的民族性和群众性。中华人民共和国成立后，有关刊物将其用汉语整理并发表出来后，它又被改编为京剧、歌剧、舞剧、电影等多种艺术形式，并被翻译成英、法、德、日、俄、韩等多种语言流传海外，是我国非物质文化遗产名录中浓墨重彩的一个民间传说，深受中国人民乃至世界人民的喜爱。

江格尔——唱不完的勇士传说

蒙古族是我国传统的游牧民族，是我国的少数民族之一。蒙古族始源于古代望建河（今额尔古纳河）东岸一带。13世纪初，成吉思汗统一了蒙古地区的各个部落，之后，蒙古族逐渐形成民族共同体。

蒙古族人民世居草原，过着"逐水草而居"的游牧生活。蒙古族艺术发达，尤其是音乐、舞蹈等，在艺术界都居于显赫地位。在蒙古族创作的众多史诗传说中，最为著名的当属《江格尔传说》。

江格尔传说

在我国新疆维吾尔自治区阿尔泰山脉的蒙古族聚居地，流传着一则著名的英雄史诗——江格尔传说。

相传，江格尔是蒙古族首领的儿子，在他两岁时，父母被魔鬼掳走，他藏在山洞里幸免于难，并被好心人搭救和抚养长大。江格尔自小便品德高尚，智慧超常，体力惊人，是个练武奇才。他七岁时，开始兼并临近的部落，凭借着卓越的功业被民众推举为可汗。

不过，英勇、聪慧的江格尔，很快遭到了仇敌部落的嫉恨，他们经常来犯，试图抢夺江格尔部落的生存资源、能工巧匠和骏马贤妻。然而，江格尔对此并未感到畏惧，反而率领部落勇士们奋勇杀敌、征战四方。

在江格尔的带领下，勇士们不仅成功抵御了周围部落的侵袭，更击败了以蟒古思为头目的邪恶力量。击败敌人后，江格尔带领人民在草原上建立了一个没有战争、牛羊遍地，人民丰衣足食、幸福友爱的理想部落。

英雄的传说

虽然《江格尔》的主人公是可汗江格尔，但事实上，该传说讲述的并不是他一个人的故事。这篇史诗讲述了以江格尔为首的 12 名雄狮大将和数千名勇士的故事。这些勇士为了保卫家乡，不畏艰难险阻，不断抗争，最终取得了胜利。

与其他长篇史诗不同，这篇史诗最特别的地方在于，它是由数十部作品组成的大型史诗，它没有贯穿始终的主角和主线，大多数篇章在情节、时间和人物关系上都不具有连贯性和因果关系，这些篇章既可以独立成篇，又可以共同传唱。可以说，《江格尔》系列共同构成了蒙古族人民与命运顽强抗争和追求美好生活的时代画卷。

《江格尔》内容充实，故事篇幅也比较多。其中，最主要的有江格尔和众英雄热爱家乡、保卫家乡的征战故事；英雄经过战场交锋情同手足结义的

江格尔原文

日本画家笔下的蒙古人形象

欧洲画家笔下的蒙古骑兵

故事；英雄娶亲过程中足智多谋的婚姻故事；等等。这一传说成功塑造了多位人物形象，例如，美丽动人的江格尔的妻子阿盖·沙布拉塔、英勇善战的英雄萨布尔和萨纳拉、聪明睿智的勇士古恩拜和阿拉坦策吉，以及忠诚、顽强、勇敢、爱民的洪谷尔等。在《江格尔》中，这些人物性格鲜明，深受人们喜爱。

《江格尔》的传承

《江格尔》诞生于13世纪的卫拉特蒙古部，流传至明代时，史诗已将近十万字，主要部分基本成形。随着卫拉特蒙古各部的迁徙，《江格尔》也被带到异国他乡，逐渐成为一首跨国界的大史诗。关于"江格尔"一词，不同语系的解释各不相同。在波斯语中，它是"世界的征服者"；在突厥语中，它是"战胜者"；在蒙古语中，它则是"能者"的意思。

"江格尔齐"是《江格尔》的演唱艺人，他们技艺超群，知识丰富，同时也担任着创作、传播、保护《江格尔》的重任。他们或使用蒙古特色乐器陶布舒尔、四胡、马头琴的伴奏弹唱，或不用任何乐器清唱表演。表演大多不受场地、时间和环境的束缚，可以随时随地让观众感受蒙古族大型史诗的艺术魅力。

作为我国少数民族三大史诗之一，《江格尔》是蒙古族篇幅最长、内容最多、流传最广、表现力最强的史诗作品，具有浓烈的英雄主义色彩，深刻反映出蒙古族人民朴素浪漫的生活理想和艺术追求，在社会历史和文化艺术上均取得了很高的成就。

同时，这部唱不完的勇士传说也代表着蒙古族早期文学的最高成就，有着极高的文学价值，在研究蒙古族远古时期的音韵格律、宗教信仰、民族风俗等方面意义深远，是当之无愧的国家级非物质文化遗产。

米拉尕黑——"英雄回归"的浪漫长诗

东乡族是位于我国甘肃省的少数民族，因为居住在河州（今临夏回族自治州）东乡地区得名。东乡族和回族有着很多相同之处，但事实上，东乡族与回族的族源及历史发展完全不同。目前，关于东乡族的历史来源，只有零星的史料及片段传说，就连东乡族世代居住的河州的《河州州志》上，也没有关于东乡族的单独记载。不过，东乡族的浪漫长诗《米拉尕黑》却广泛流传至今。

米拉尕黑史诗

《米拉尕黑》以爱情为主线，讲述了一个英雄回归的故事。"米拉"在东乡族的语言中是"小"的意思，"尕黑"是"哥哥"的意思。这首民间长诗大约产生于明代时期，最早的文字记载保存在清真寺或拱北里的经文碑帖、古籍"拜提"中。因此，《米拉尕黑》的传说一般是由村子里主持教务、讲授经典的阿訇，或者德高望重的长者吟诵，"拜提"在东乡语中便是诗句的意思。

相传，有一个名叫米拉尕黑的东乡族青年猎人，在夜晚仰望月亮时，突发奇想用飞箭射下来一片月亮。就这样，米拉尕黑得到了月光宝镜。在月光宝镜上，米拉尕黑看到了一个美丽的面容，这副面容属于一个跟米拉尕黑在同一片夜空下赏月的姑娘——玛芝璐。

米拉尕黑对美丽温柔的玛芝璐一见钟情，在得到智者的指引后，米拉尕黑离开家乡，准备去找玛芝璐。最终，在月光宝镜的指引下，米拉尕黑找到了玛芝璐，并在宝镜的见证下与她定下婚约。不料，这时米拉尕黑的故乡康图城遭到敌国入侵，米拉尕黑只好忍痛告别爱人，走上战场。

多年以后，米拉尕黑终于赶走了敌人，获得了胜利。可是，当他去找未婚妻玛芝璐时，却发现玛芝璐因为财主恶少的蛊惑失去记忆，正准备委身下嫁。伍宦姆山中的老人帮助米拉尕黑了解到玛芝璐的不幸遭遇，并为他指明了方向。米拉尕黑归心似箭，立刻攀上悬崖，寻找到了能日行千里的雪马，然后飞快地赶回玛芝璐身边，成功将她解救出来。最后，米拉尕黑和玛芝璐终于过上了甜蜜幸福的生活。

米拉尕黑，英雄归来

《米拉尕黑》这一东乡族史诗，成功塑造了一位勇敢无畏、爱国爱民、重情重义的民族英雄形象，他不像其他史诗中的英雄人物那样带着祥瑞和盛况而生，只是一个普通的凡人形象。但他在听闻家园遭到侵犯的时候，能立刻挺身而出；在面对毒蛇猛兽密布、没有道路的伍宦姆山时，能勇敢攀登；在未婚妻遭到迫害的时候，能历尽千辛万苦赶来解救。这种有血有肉的普通人，在强大信念的支撑下，不断克服困难，表现出了东乡族人民不屈不挠的血性和追求自由幸福的精神世界。

这是一部英雄归来的史诗，也是一部英雄救美的浪漫爱情故事，它可说可唱，是反映东乡族民族历史、民族信仰、民族文化的口传教科书，体现着东乡族人民勇敢、勤劳、乐观的奋斗精神。几百年来，《米拉尕黑》一直在东乡族中吟诵流传，在东乡族文学文化史乃至我国少数民族文学文化史上，都占据着重要地位，是我国宝贵的非物质文化遗产。

丰富多样的民间文学是东乡族的宝贵财富，其中，不仅有古老的史诗、传说和故事，还有一些具有讽刺意味或者哲理的笑话、谚语和谜语。

东乡族至今仍流传着很多叙事长诗，这些长诗都是说唱体，形式自由，韵脚和旋律结构都不固定，可随着唱词的长短自由变化，具有较强的吟诵性，如《葡萄蛾儿》《诗司尼比》等。当然，在众多叙事长诗中，最为著名的还是《米拉尕黑》。

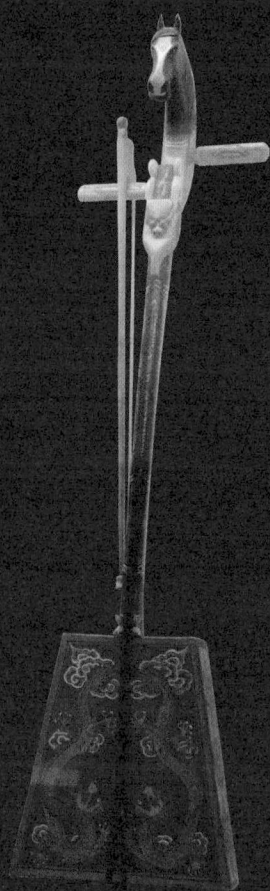

第二章
传统音乐

川江号子——川渝江畔的"生命之歌"

　　川江号子是巴蜀地区的传统音乐，它是由重庆地区与四川地区的船工们演唱的号子，主要流传于金沙江、长江及其支流岷江、沱江、嘉陵江、乌江和大宁河等流域。川江号子通常是号工领唱，众船工合唱的形式，其历史极为悠久，是四川劳动号子中最具特色的一种，代表曲目有《十八扯》《大斑鸠》《小斑鸠》等。

巴蜀水路上的川江号子

　　川江位于我国西南部的巴蜀地区，巴蜀地区自古以来山峦叠翠、江河纵横，唐代著名诗人李白在《蜀道难》中曾写道："蜀道之难，难于上青天，使人听此凋朱颜！连峰去天不盈尺，枯松倒挂倚绝壁。飞湍瀑流争喧豗，砯崖转石万壑雷。"这几句诗生动形象地描述出巴蜀境内险峻的地理环境。山路崎岖难行，水路便成了那里最重要的交通运输方式。

　　在古代的四川和重庆地区，柏木帆船是最常见的交通工具。小小的柏木帆船只需几个船工，大柏木帆船则有二三十个船工，甚至更多。那时的一船之主被称为艄公，每当船只逆江而上或者闯滩斗水时，众船工都要听艄公的指挥，齐心协力、共闯难关。

　　在明清时期，艄公击鼓为号指挥船行，统一扳桡节奏。大约在清朝中期，号子逐渐兴起，专门的号子头也由此出现。号子头因常年在江河中行船，行船经验和行船知识都极其丰富，不管是水涨水落，还是明礁暗堡、水经流速，全都能牢记于心。为确保行船安全，他们会根据江河的不同情况，以及摇橹扳桡的劳动节奏，创编出一首首不同节奏、不同音调、不同情绪的号子，川江号子便是在这样的背景下产生的。

长江文化的活化石

川江号子一直有"长江文化的活化石"之称，它的发展，与船工们的工作和生活息息相关。船工们为统一划船的动作和节奏，创造出了由号工领唱、众船工帮腔和合唱的一种民间歌唱形式。

川江号子包括上水号子和下水号子两种，上水号子又包括撑篙、扳桡、竖桅、起帆、拉纤等号子，下水号子又包括开船、平水、闯滩、下滩等号子。两种号子的水文条件和行船方式各不相同，因而诞生了数十种类别和曲目数以千计的川江水系音乐文化，代表作品有《八郎回营》《桂姐修书》《魁星楼》《拉纤号子》《捉缆号子》等。

川江号子在四周碧波荡漾、俯仰即为天地的环境中，给勤劳辛苦的船工带来不少欢乐。随着历史的发展，号子的唱词也逐渐丰富起来，从最开始没

明　仇英　《蜀川佳丽图》

这幅《蜀川佳丽图》描绘的是蜀地险峻的山水风景。画面为青绿设色，大面积青色和绿色的使用勾勒出行山途中的上下起伏，描绘了蜀地行道之难。

蜀川佳

有实质内容的"呦""嘿""嗨"等语气词，慢慢演变成以沿江的地名、物产、历史、人文景观为题进行编创的民间音乐，具有丰富的知识性和娱乐性。

工作中的船工们唱着嘹亮的川江号子，唱出他们平凡却伟大的工作与生活，船工与号子相互陪伴，相互依存，在巴蜀的青山绿水间，共同谱出一曲曲豪迈壮阔的民间音乐。

在这些川江号子中，我们既能体会到船工们与险滩恶水搏斗时不服输的抗争精神，也能体会到川江汉子粗犷豪迈又不失幽默风趣的人格魅力，这是自古以来川江各流域劳动人民面对险恶的自然环境，用热血和汗水凝铸而成的生命之歌。

川江号子的传承

中华人民共和国成立后，川江航运迎来了蓬勃发展，随着燃油机动铁船的普及，原来那种以人工为动力的木质帆船只能在一些干流河湾和支流小河中航行，承载的运输功能也越来越弱，川江号子生存、发展的基础开始动摇。加之昔日年轻力壮的船工现已老去，甚至有的已经辞世，曾在险滩与急流拼搏抗争的纤夫和慷慨大气的川江号子逐渐变成人们的回忆，川江号子的传承出现断裂，面临着濒危的困境。

因此，川江号子的抢救和保护行动势在必行，可喜的是，四川和重庆两地的政府为此做出了诸多努力，不仅将它引入中小学课堂，挑选出新时代的优秀传承人，还把它放进数字博物馆中，与现今的文化产业和旅游产业相结合。新时期的川江号子在内容上也更加贴近当下的生活，这样一来，川江号子得以在新时代重新唱响。

2006年，川江号子经国务院批准，被列入第一批国家级非物质文化遗产名录。相信在未来的日子里，一定会有更多的人了解川江号子、喜爱川江号子、传承川江号子，它也会带着曾经的光辉和新的希望，鼓舞一代又一代勤恳劳动的人们。

侗族大歌——用歌声讲述民族文化

侗族大歌是在我国侗族地区广泛流行的一种民间合唱形式，最早起源于春秋战国时期，距今已有两千五百余年的历史。侗族大歌属于民间支声复调音乐歌曲，这种歌曲无指挥、无伴奏，十分朴实自然。值得一提的是，侗族大歌不仅仅是一种音乐艺术形式，还是侗族人民文化与艺术的传承，是侗族文化的直接体现，对侗族人民的精神凝聚起着重大作用。

能歌善舞的侗族

我国自古以来就是一个多民族国家，不同文化、不同风俗的五十六个民族，分布在地大物博的中华大地上。位于西南地区的贵州省就有这样一个极具特色的少数民族，他们以农牧业为生，热爱自然，能歌善舞，至今已有上千年的历史，这个少数民族便是侗族。

侗族人民信仰多神，以种植水稻为生，同时，还兼营林业，他们的农林生产已经达到了相当高的水平。

关于侗族的起源，各家说法不一。但是，学术界一般认为，侗族是从古代百越的一支发展而来的。先秦文献中提到的"黔首"，大概就是最早的侗族。在漫长的历史长河中，侗族经过不断的发展变迁，慢慢形成了自己独特的语言、服饰、建筑、文化以及艺术。

民间将大歌、鼓楼、风雨桥称为"侗族三宝"，尤其是侗族大歌，更是让侗族拥有"诗的家乡，歌的海洋"的美誉。侗族大歌韵律严谨、题材广泛、比喻生动活泼。关于叙事的大歌，其歌词也是委婉曲折、含意深长，这些歌以《珠郎娘美》《三郎五妹》《蝉之歌》等流传最广，影响最大。

侗族庙形顶缀银佛刻花银片女帽

中央民族大学民族博物馆藏。

侗族大歌，内容丰富

侗族大歌是具有鲜明特色的民间音乐，在侗语中被称为"嘎老"。其中，"嘎"是歌曲的意思，而"老"则体现出侗族大歌的悠久历史，以及参与人数众多、声部复杂的特点。

早在春秋战国时期，刘向的《越人歌》便已初具大歌的声韵和格调。在宋代时，这一民间音乐发展较为成熟；明代时，侗族大歌在侗族地区十分盛行，邝露在《赤雅》中便曾记载过"长歌闭目，顿首摇足"的演唱情景。

如今的侗族大歌，主要在我国侗族聚居的贵州省和广西地区流行与传唱。歌曲内容丰富和演唱形式复杂，是侗族大歌的显著特点。按照题材，侗族大歌可分为叙事大歌、童声大歌、戏曲大歌、礼俗大歌、鼓楼大歌、老人歌等，内容涉及民族历史、民族信仰、婚恋习俗、思想教育等，反映出侗族人民方方面面的生活。

在演唱中，大歌以复调式多声部合唱为主，一般需要三人以上的歌班才能演唱，除了演唱主要旋律的领唱之外，还需要高音部"雄音"和低声部"雌音"。低声部演唱者一般较多，以长音方式唱出持续音，高声部则在低声部的基础上，唱出相对独立和鲜明的旋律线。多声部相结合的特点，让侗族大歌更加优美婉转。

侗族木构建筑（模型）

侗族木构建筑营造技艺，始于魏唐的干栏式建筑，已有一千多年的历史。

侗族大歌传承

在喜爱音乐的侗族人心中，侗族大歌像一日三餐一样，是他们的精神食粮，发挥着陶冶情操、丰富情感的重要作用。侗族的孩子们从小就要学习演唱侗族大歌，几乎每个侗族村寨都有歌班，他们以歌为宝，认为歌就是知识和文化。对歌和赛歌在侗族传统节日和农忙等集体活动时是很常见的娱乐活动。唱大歌不仅是侗族人民对民族文化和历史的传承，也是青年男女相识、相恋、喜结良缘的重要方式。

除此之外，侗族大歌还具有重要的学术研究价值，它是侗族社会历史、民俗风情、婚恋文化和精神生活的重要组成部分，记录着的是侗族历史，也直接体现着侗族文化，是侗族社会维系和发展中不可缺少的一部分。同时，侗族大歌的流传，也充分证明我国多声部合唱音乐由来已久，且具有较高水平。随着社会的发展，侗族大歌终于在新时代走出了村寨，走向全国乃至全世界。

2008 年，侗族大歌获准列入国家级非物质文化遗产名录。2009 年，侗族大歌被联合国教科文组织列入《人类非物质文化遗产代表作名录》。在未来的日子里，侗族大歌一定会带给我们更多内容丰富、形式多样、旋律动听的天籁之音，也一定会在中华传统音乐的宝库中，继续绽放出耀眼的光芒。

蒙古马头琴音乐——弦音流转的草原风味

在我国北部，有一个广阔的地区，它横跨东北、华北、西北地区，对内毗邻我国八个省区，对外与俄罗斯和蒙古接壤，这就是内蒙古自治区。蒙古族历史悠久，文化艺术繁荣，蒙古族人民发明了很多独特的乐器，最为著名的便是马头琴。马头琴不仅经常出现在各种正式场合，也深受民间艺人和牧民们的喜爱，是民间婚礼庆典或亲友聚会中必不可少的演奏乐器。

艺术大族蒙古族

"天似穹庐，笼盖四野。天苍苍，野茫茫。风吹草低见牛羊。"这是大部分人对内蒙古自治区的第一印象。在广袤的草原上，热情豪爽的蒙古族人民策马奔腾，恣意又自由。在这天空湛蓝、云朵洁白、牛羊成群的环境下，蒙古族的文化艺术也发展得极为繁荣。

作为内蒙古自治区分布最广的少数民族，蒙古族世代生活在草原上。多数学者认为，蒙古族起源于原始氏族社会的东胡。后来，铁木真在忽里勒台被推举为蒙古大汗，从此统一各部落，建立了大蒙古国。可见，蒙古族是一个不断追求壮大与发展的民族。这种追求不仅体现在科学和文化事业上，也体现在民族音乐和舞蹈艺术事业上。

蒙古族有许多特有的乐器，如马头琴、四胡、雅托克、火不思、口琴、胡笳、托布秀尔、胡琴等，其中最为著名的当属马头琴。马头琴是蒙古族人喜爱的乐器，马头琴音乐也是蒙古族最具代表性的民族音乐之一。

马头琴的传说

相传，在很久以前，有一个叫苏和的牧民居住在昆都仑河畔。苏和勤劳善良，每天都徒步放羊，时间长了，他就很想拥有一匹属于自己的马。一天，苏和走累了，便躺在山坡上沉沉睡去。睡梦中，一位美丽的姑娘告诉他，北边河湾里有一匹白色的小马驹，只要把它牵回家养大，就能和它成为最好的伙伴。

睡醒后，苏和将信将疑地跑到河湾，果然看到了一匹白色的小马驹，正冲着自己"咴咴"地叫。苏和非常高兴，把小马驹牵回家并悉心地将其养大。

一天，苏和正在放羊，突然有一匹大青马飞奔过来。后面追来两匹马，这两匹马上的牧民懊恼地说这匹大青马是牧主的马，如果不把马追回来，牧主就会打死他俩。苏和一听，赶忙骑着白骏马去追，不一会儿，大青马就被苏和追了回来。

牧主听说这件事后，便找到苏和，要把白骏马买到手。可是，苏和与白骏马感情深厚，说什么也不同意卖马。牧主心生一计，趁着赛马活动时，把苏和与白骏马分开，然后让家丁偷偷把白骏马牵回了家。白骏马来到牧主家就变得十分暴躁，牧主想要骑上白骏马，却被白骏马甩了下去，摔得他浑身是血。

牧主大怒，让家丁们用箭射死白骏马。白骏马身上中了无数箭，但还是奋力挣脱，跑回了苏和家。苏和抱着白骏马大哭，这时，白骏马忽然说道："请用我的皮骨鬃尾做一把琴吧，这样我就能永远陪伴在你身边了。"苏和哭着答应了。

白骏马死后，苏和便用马骨做琴柱，头骨做音箱，鬃尾为琴弦，制成了一把二弦琴。而且，苏和还将白骏马的形象刻在了琴杆上。苏和用马头琴拉奏的曲子非常动听，于是人们纷纷效仿。从此，马头琴就成了牧民们最亲密的伙伴。

马头琴音乐的传承

马头琴的琴身大约有一米长，多为木质打造，有两根琴弦，梯形的共鸣箱让它的声音听起来更加圆润婉转。演奏者左手按弦，右手拉弓，有拨弦、揉弦、

蒙古马头琴

马头琴是一种两弦的弦乐器，有梯形的琴身和雕刻成马头形状的琴柄，是蒙古族人民喜爱的乐器。

颤指、滑音等按弦技巧，和顿弓、击弓、斗弓、跳弓等拉弦手法，演奏技法复杂多变，极具丰富性和独特性。

马头琴是最适合演奏蒙古族长调的乐器，它悠扬、深沉、厚重的独特音色，能生动地表现蒙古族人民的生产和生活，辽阔丰饶的草原、雀跃奔腾的马蹄、呼号的狂风、欢快的牧歌等，都能用马头琴进行表演。为歌伴奏和独奏曲目都是其重要的演出形式，而演奏的传统曲目，大多是从民歌中演化、改编而来的，如原生民歌《朱色恋》《八雅铃》，英雄史诗曲牌《奔马调》《打仗调》，民歌琴曲《荷银花》《莫德烈》和汉族古老曲调《普安咒》《柳青娘》等，也有直接模拟、表现马形象的曲调。

马头琴独特的造型、制作材料、音色风格和演奏方法等，是蒙古族草原游牧文化发展到一定阶段的历史产物，它生动表现出蒙古族的游牧生活，也体现着蒙古族对于精神世界和艺术美学的不断追求。

2006年，蒙古马头琴音乐正式获准列入第一批国家级非物质文化遗产名录。由草原、骏马、牧歌和蒙古族英雄儿女共同构成的马头琴音乐，蕴藏着蒙古族深厚的民俗历史和精神内涵，是我国民族音乐中不可多得的宝贵财富。

近年来，马头琴音乐的发展和传承并不乐观，传统游牧民族地处偏远，交通和信息都不发达，再加上愿意学习和演奏马头琴的年轻人越来越少，传统流派和曲目失传现象严重，如此优美动听、弦音流转的草原音乐，正亟须我们的关注与保护。

南音——古韵幽雅的侨胞纽带

南音是中国历史较为悠久的古老乐种之一，有"中国古典音乐的明珠"之美誉。南音属于闽南民间的乡土音乐，起源于福建泉州。南音乐曲的一些风格与曲调，有的直接吸收了南戏的乐曲与选段，有的则与南戏音乐相互交融。南音通过加工改造，其戏曲味减少了很多，听上去也更加清泠悦耳了。

泉州与南音

南音发源于福建泉州，演唱者用闽南语演唱，是我国历史悠久的汉族音乐。

在我国东南沿海，有一座历史悠久的城市，它北邻福州，南接厦门，地理位置和气候条件都非常优越，这便是福建省泉州市。泉州经济的开发最早可以追溯到周秦时期，西晋末年，大批士族因中原战乱入泉，促进了泉州的飞速发展，到宋元时期，泉州一度成为世界第一大港口。

泉州是国家首批历史文化名城，也是联合国唯一认定的海上丝绸之路的起点，是"一带一路"倡议的海上丝绸之路的重要先行区。除此之外，以闽南语为主要方言兼有客家话等多种方言的泉州，还被称为侨乡，散布在世界各地的不少华人、华侨的祖籍都在泉州。

泉州是南音的发源地，泉州的南音也素有"曲海"之称。当时，人们将泉州南音称作"诗山曲海无底谱"，可见，泉州南音的数量之多。南音的散曲不计其数，有的人说有一千多首，有的人说有两千多首，还有的人说有三千多首、六千多首，具体数字有待进一步考证。

中国音乐史上的活化石

自古以来，泉州孕育出不少独具特色的文化和艺术，其中，泉州南音又称为"南音"或"弦管"，是我国古老的音乐之一，被称为"中国音乐史上的活化石"。

随着中原人民因为各种原因迁入以泉州为中心的闽南地区，他们也把中原音乐带到了这里，中原音乐经过与当地民间音乐的融合，慢慢形成了南音这种富有中原古韵遗韵的独特音乐。南音起源于唐朝，不仅保留了唐代以前的传统民族唱法，也有同唐代大曲同名的《梁州曲》《甘州曲》《三台令》等曲牌名。到了宋代，皇族宗室南迁，泉州作为陪都，其经济、文化、艺术均得到了空前的繁荣与发展，南音也在此期间成形。

南音演奏演唱形式，与汉代"丝竹更相合，执节者歌"的相合歌表现形式

泉州博物馆主楼后面的旧石碑

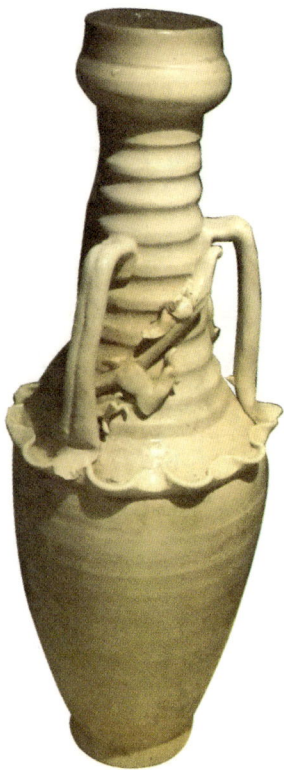

宋 驼坪花瓶

浅色釉瓷，出土于河市，现藏于泉州博物馆。

很相似，琵琶、三弦在右侧，洞箫、二弦在左侧，中间的执板拍者唱歌，主要有指、谱、曲三大类组成，是我国古代音乐体系中较为完整和丰富的大乐种。

"指"是"指套""套曲"，有词，有谱，有乐器弹奏指法的套曲，每套曲大约由二至七首散曲组成，如《一纸相思》《心肝拨岁》《趁赏花灯》等。

"谱"是指有标题的器乐套曲，没有曲词，主要是琵琶、洞箫、二弦和三弦的演奏曲目，内容大多是展现花鸟鱼虫、骏马奔腾和四时风光等，最著名的是《四时景》《八骏马》《梅花操》《百鸟归巢》。

"曲"是指散曲，有谱有词，只唱不说，主要取材于唐传奇、话本以及宋元明代的戏剧人物故事，既可抒情，又可写景和叙事，《共君断约》《因送哥嫂》《出汉关》等曲目，都属于这一类别。

南音的发展与影响

南音所包含的器乐曲目和声乐曲目有两千余首，内容广泛而丰富，其中，蕴藏着晋朝的商乐以及唐代的大曲、燕乐和佛教音乐，也有宋元明时期的词曲音乐和戏曲音乐等。这些曲目均以标准的泉州方言演唱，十分讲究咬字吐词和归韵收音，保留着中原古汉语音韵读法，再加上古典乐器优美古朴的节奏，所以，听起来非常幽雅婉转，情意浓重。

泉州南音的群众基础非常深厚，作为自娱自乐、陶冶情操的文化表现形式，南音跟闽南人的生活也息息相关。在闽南人聚居的地方，民间的南音社团几乎随处可见。而且，泉州南音还随着侨民来到菲律宾、印度尼西亚、新加坡、马来西亚、泰国、缅甸、越南等国家，成为一种维系同胞乡情的精神纽带，这也对增进民族认同感起到了积极作用。

　　2006年，南音被获准列入国家级非物质文化遗产名录，2009年，经联合国教科文组织批准，被正式列入人类非物质文化遗产代表作名录中。几乎每个闽南人聚居地都存在南音社团，除了国内的泉州、漳州、厦门、港澳台地区外，菲律宾、缅甸、越南、泰国、新加坡、印度尼西亚、马来西亚等国家，也流传着南音这种传统音乐。

　　南音，不仅是深受民众喜爱的音乐形式，也是海外侨胞的思乡寄托，是他们与祖国的精神纽带，不论翻越高山，还是漂洋过海，古韵优雅的南音均以它强烈的民族性和浓郁的乡土气息抚慰着每一位海外游子的中国心，对增强民族认同感和荣誉感起到了积极的作用。

黎族竹木器乐——乐器上的原始美学

黎族是我国海南岛最早的居民，由于黎族语言属于汉藏语系壮侗语族黎语支，所以，大多数黎族人都能说一些汉语。中华人民共和国成立前黎族并没有发展出本民族特有的文字，所以一直使用汉文。1957 年，黎族人民在党和政府的帮助下，创制了一种以拉丁字母为基础的黎文。目前，黎族人民主要聚居在海南省的五指山、三亚、陵水、保亭、乐东、东方、万宁、儋州、昌江、白沙、屯昌、琼海、琼中等地。

黎族与海南岛

在我国南海的西北部，有一座呈雪梨状的椭圆形岛屿，那就是我国的第二大岛——海南岛。

海南岛是以五指山、鹦哥岭为中心的穹隆山地形，地势由内向外逐级下降，山地、丘陵、台地、平原的梯级结构十分明显。这里的海水清澈蔚蓝，沙滩细腻洁净、山河壮丽秀美，热带雨林神秘而茂盛，热带珍稀动植物纷纷在这里生长栖息，被生物学家誉为天然的物种基因库和最大的自然博物馆。

除了这些优美的自然风光，海南岛还有很多珍贵的革命纪念地和历史文化遗址，以及我国独具海岛特色的少数民族——黎族。黎族信奉万物有灵，崇拜自然、图腾和祖先，传统民居多为竹木搭建的原始简单的房屋，一日三餐以大米为主。

关于黎族的起源，过去不同时代的学者都有多种不同的见解。中华人民共和国成立后，我国学者以相关文献记载为依据，结合大量的考古学、语言学、民族学资料以及前人的研究成果，认为黎族是由古代越族发展而来，特别是和

"百越"的一支——"骆越"的关系更为密切。

黎族人民喜爱音乐和舞蹈，民众每当触景生情，都能随口来上几段民歌。黎族的竹木器乐，是海南省的传统音乐，也是我国的非物质文化遗产之一。

黎族竹木器乐

大约三千年前，黎族的先民便已经在海南岛上繁衍生息。独木鼓和叮咚木是黎族早期出现的打击乐器，常用来驱赶野兽、召集众人和祭祀，后来又出现了鼻箫、口弓、唎咧、灼吧、哔哒等乐器。

黎族竹木器乐源远流长，根据史书记载，汉代时黎族已有以牛角为号，以击鼓为乐的器乐活动。宋代时，苏东坡被贬至儋州，他在《和陶拟古九首其一》一诗中曾写道："铜鼓壶卢笙，歌此送迎诗"；《太平寰宇记》中也有琼州"打鼓吹笙以为乐"的记载。到了明代，汤显祖作的《黎女歌》中描述黎族男女为"文臂郎君绣面女"，他们一起荡秋千，一起携手同游，还有"歌中击鼓会金钗"的场景。清朝乾隆年间，黎族竹木乐器已十分盛行，张庆长的《黎岐纪闻》就记载了黎族未婚男女在春夏相交时在山野间聚会，男子演奏口弓，女子演奏鼻箫的场景。

西汉　"朱庐执刲"银印

1984年出土于乐东黎族自治县志仲镇潭培村，现收藏于海南省博物馆。

独木鼓、叮咚木、鼻箫、口弓等传统黎族竹木乐器，大多是利用大自然中的竹木或者兽皮等材料纯手工制作而成的，富有浓重的原始社会音乐色彩。例如，声音厚重大气的独木鼓，其简单的敲击方式，体现着原始社会肃穆庄严的祭祀活动；铿锵悦耳的叮咚木，仿佛将人们带到原始的森林山谷中；婉转清幽的鼻箫承担着约会爱人、倾诉感情的作用；柔和动听的口弓是黎族男子表达爱慕、求娶佳偶的重要乐器；唎咧、哔哒、灼吧等嘹亮悠扬的音色，则用来呈现黎族节庆或丰收时欢快的场面。

黎族竹木器乐的发展

黎族竹木器乐的代表曲目有《四亲调》《罗尼调》《喂格罗调》等，这些曲目大量保留着原始生活的音韵，韵律简约古朴，多以一个曲调为基础，通过不同速度的反复演奏来表达情感，旋律变化不大，节奏节拍很是规整。它们不仅展现了黎族原始生活风情，具有浓厚的民族韵味，更表现出黎族人民自古以来热爱自然、崇尚自然的生活态度和美学观点。

这些黎族传统乐器在中外乐坛均极为少见，它们为丰富我国传统民族乐器宝库做出了杰出贡献，生动证明了中华民族音乐文化的多样性。另外，竹木器乐多来源于黎族的历史发展、生产生活和民俗风情，这对研究黎族乃至其他民族的发展历史、民俗文化和音乐艺术有着重要的价值和意义，非常值得我们传承和弘扬。

长阳山歌——田地间的"音乐方言"

　　土家族是我国传统少数民族之一，主要分布在湖南、湖北、重庆、贵州交界地带的武陵山区。土家族虽然拥有毕基语和孟兹语两种民族语言，但却没能形成本族特有的文字，而是一直使用汉文。土家族语系属于汉藏语系藏缅语族，更接近于彝语支，这种语系也让土家族在唱歌方面拥有得天独厚的优势。

土家族

　　土家族是我国一个历史悠久的少数民族，他们自称"毕兹卡""贝锦卡"，或者"密基卡"，意思是"土生土长的人"。关于土家族来源的说法比较多，现在学者更多认可他们来源于古代巴人的两支部落，他们进入武陵地区后，与当地原住民和进入该地的汉族、楚族、濮族、乌蛮等族人民进行融合，大概在唐末五代之后，逐渐形成统一的民族。而"土家"这个族称，在中华民国时期才首次出现。中华人民共和国成立后，先后经过五次调查，最终确定了土家族为单一的少数民族。

　　如今，土家族经过长期的变迁和发展，形成了极具特色的民族习俗、民族文化和民族艺术。土家族尤其喜爱歌曲和舞蹈，摆手舞便是一种广为流传的古老舞蹈，蕴含着显著的民族特点和生活气息，深受土家族人民的喜爱。在音乐方面，舍巴歌、竹枝词、打溜子、山歌都是土家族的传统民歌，其中，流传在湖北省宜昌市长阳土家族自治县的山歌，带有浓郁的乡土气息，是土家族最具特色的民歌之一。

与劳动相关的长阳山歌

三千多年前,长阳山歌被称作"蛮歌巴舞"。清代,长阳著名诗人彭秋潭曾作了一首《长阳竹枝词》,诗中写道:"换工男女上山坡,处处歌声应鼓锣,但汝唱歌莫轻薄,那山听见这山歌。"这首诗也是长阳山歌的真实写照。

长阳山歌,属于土家族的薅草锣鼓,又称"打闹歌""锣鼓歌"。顾名思义,它与田间生产和薅草劳动息息相关。春夏之交,万物生长,土家族会聚集数十人甚至数百人在田间集体劳动,去除耕种地上的杂草,为种植粮食作物做准备。每当这个时候,他们便会请两名歌手面对薅草的劳动人民进行表演,一个打鼓，一个击锣，他们随着锣鼓声边唱边跳，薅草众人则一边劳动，一边和唱，薅草锣鼓不仅能给薅草人鼓劲，提高劳动效率，还能够吓走时常出没的野兽和鸟类，是生产劳动与传统音乐结合的独特的民族艺术形式。

长阳山歌旋律高亢，声音嘹亮，节奏悠扬，自由奔放。长阳山歌的旋律进行多为级进，音域在八度至十一度之间。长阳山歌开嗓便是七度，能起到先声夺人之感，加上山歌甩腔中的颤音，能让人感受到浓厚的特型音调与山野气息，再搭配锣鼓的声音，人声与乐器相互呼应，场面极其壮观，有种畅快天地间的自由感。在歌词的表现手法上，长阳山歌往往会先设置悬念，再哗然破题，带给听众一种豁然开朗、酣畅淋漓的感觉。

长阳山歌的传承

长阳山歌内容丰富，目前已被收录的山歌有一千四百余首，创世歌、劳动歌、情歌、杂歌等是较常见的主题，有独唱、对唱，以及一人领唱、多人合唱的多种演唱形式。长阳山歌曲牌种类很多，其中运用的"九板十三腔"大型套曲结构最为著名。它是用十三首旋律起伏多变、各自独立的十三个曲牌集合而成的九声套曲进行演唱，长阳山歌中以尾句或尾段作为起唱句的结构，演唱中完全重复、加衬句的润腔方式，以及唱和、对唱的形式，都带着鲜明的楚辞遗风。因此，九板十三腔又被称为是巴蜀和楚地民间套曲的活化石。

现在，土家族的生产、生活方式已经发生了巨大改变，薅草锣鼓也失去了赖以生存的根基，但它积淀着土家族数千年的历史，也见证了土家族团结互助、协作生产的民族风貌，是在辽阔天地间唱响的土家族音乐方言。

2008 年，长阳山歌中的"薅草锣鼓"被列入国家级非物质文化遗产名录，它以民族传统音乐的身份重新出现在公众面前。长阳山歌不仅充实了我国民族音乐的宝库，还促进了当代音乐艺术的多元化发展，是我国名副其实的音乐财富。

赫哲族嫁令阔——即兴创作间口口传唱

赫哲族是我国东北地区一个历史悠久的少数民族，赫哲族人世代生活在青山绿水间，目光所及皆是连绵不绝、郁郁葱葱的完达山山脉以及水源充沛、土壤肥沃的三江平原。这片广袤无垠、多姿多彩的天地，赋予了赫哲族人民能歌善舞的天性，也让他们创作出了极具特色的民歌——嫁令阔。

历史悠久的赫哲族

赫哲族的民族语言为赫哲语，这种语言属于阿尔泰语系满－通古斯语族满语支。但是，赫哲族人没有本民族的文字。最初，赫哲族人使用西里尔字母来记录语言，后来，因为赫哲族人与汉族交错杂居而使用汉语。

赫哲族人对自己有独特的称呼，但由于赫哲族居住地域广阔，所以，赫哲族人的自称也比较多，比如"那贝""那乃""那尼傲"，都是赫哲族人对自己的称呼。而"赫哲"作为族称，最早出现于康熙年间。

赫哲族主要分布于黑龙江、松花江、乌苏里江交汇构成的三江平原以及完达山余脉，那里环境优美，物产丰富。在那里居住的赫哲族人，经常用讲唱文学来歌颂自然。赫哲族是一个民间讲唱文学十分丰富的民族，包括"伊玛堪（说唱故事）""特伦古（传说）""说胡力（故事）""嫁令阔（民歌）"等，其中，最为著名的当属"嫁令阔"。

赫哲族嫁令阔

"乌苏里江来长又长，蓝蓝的江水起波浪，赫哲人撒开千张网，船儿满江

赫哲族鱼皮夹克

赫哲族的鱼皮服饰文化世所罕见，熟制鱼皮，制作鱼皮线的技术已经非常成熟。

赫哲族鱼皮长袍

赫哲族制作出来的鱼皮服饰具有防水、抗湿、轻便、耐磨等诸多特性。

鱼满舱……白云飘过大顶子山，金色的阳光照船帆，紧摇桨来掌稳舵，双手赢得丰收年。"

这首脍炙人口的《乌苏里船歌》，创作于 1962 年，1980 年被联合国教科文组织选入亚太地区的国际音乐教材，被一代又一代民众传唱，至今仍被我们熟知和喜爱。但有人可能不甚了解，这首广为流传的经典曲目，其实是在赫哲族嫁令阔《想情郎》《狩猎的哥哥回来了》的基础上进行艺术再创作，改编而成的作品。

嫁令阔意为曲调、小曲，最初的产生，跟赫哲族的渔猎生产、宗教祭祀、生活娱乐密不可分，内容有历史文化相关的古歌，也有用于祭祀仪式的神歌和回忆过去痛苦的倾诉歌，但更多的是日常中的风俗歌和对新生活的赞美歌。

嫁令阔曲调单一、自由，主要为一曲多用，将经典曲调，根据不同环境、不同场景即兴创作，有感而发，融入演唱者自己的生产生活感悟，以适应不同的情感表达。最有特点的要数歌中衬词，如"赫呢哪""啊啷赫呢哪""赫赫呢哪"，这些衬词朗朗上口，演唱者随性而用，即可独立填充全歌，也可作为无意义虚词穿插在歌词中，非常有辨识度。

清　傅恒、董诰等　《皇清职贡图》　图绘赫哲族妇女。

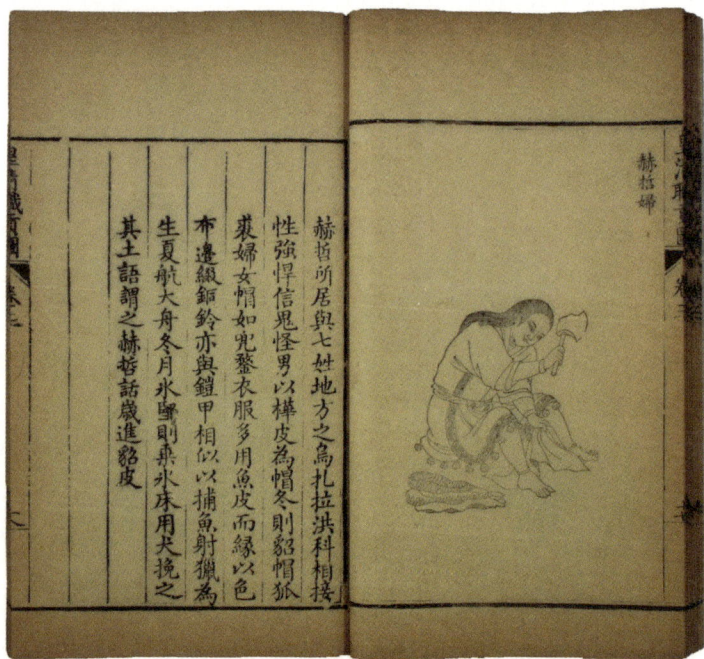

赫哲婦

赫哲所居與七姓地方之烏扎拉洪科相接
性強悍信鬼怪男以樺皮為帽冬則貂帽狐
裘婦女帽如兜鍪衣服多用魚皮而緣以色
布邊緄銅鈴亦與鎧甲相似以捕魚射獺為
生夏航大舟冬月冰堅則乘冰床用犬挽之
其土語謂之赫哲話歲進貂皮

这种艺术形式是勤劳勇敢的赫哲族人民在生产劳动中创造出来的民歌艺术，也是赫哲族人真情实感的流露，唱出了广大人民对壮阔自然风光的热爱，也唱出了他们对美好生活的向往，是他们发自心底的声音。

赫哲族嫁令阔的影响与发展

嫁令阔曾在赫哲族极为盛行，是其生活重要的组成部分，但由于赫哲族人口较少，又没有自己的文字，加之缺少专业音乐记录者，所以，嫁令阔都是依靠赫哲族世代民间艺人和民歌爱好者口口相传。在新时期的文化背景下，很多赫哲族年轻人都不愿学习本民族语言，随着先辈老去，如今会唱嫁令阔的人越来越少。

为了让这一珍贵的民族瑰宝得到传承和发展，黑龙江省给予了高度重视，不断尝试和推动其在新时期发展壮大，同时，很多文化工作者也自发前往赫哲族生活的地区采风，将听到的嫁令阔进行搜集整理，并留存珍贵的影像记录，编纂成《赫哲族民族歌曲集》和《赫哲心声》等书籍。不少赫哲族传承人也加入这项工作中，利用汉语音标标注，集成《嫁令阔合集》，为嫁令阔的长远流传提供坚实的保障。

嫁令阔既是赫哲族古老文化的产物，也是赫哲族世代经历、文化变迁与生活重建的殷实基础和实证，在政府、赫哲族人民以及民俗爱好者的共同努力下，赫哲族嫁令阔作为赫哲族的音乐象征，更好地兼顾传统和现代文化，被赋予新的文化内涵，重新登上时代的舞台，焕发出新的活力。

2021年，嫁令阔成功入选国家级非物质文化遗产代表性项目名录，更多人开始关注、喜爱、学习这项传统民族文化，它终于以更鲜活的形式走进了我们的生活。愿嫁令阔这一独具魅力的民俗文化艺术瑰宝，永远闪烁耀眼的光芒，代代相传，越来越好。

赫哲族桦皮船

第三章
民间舞蹈

抚顺地秧歌——歌舞中的八旗风采

抚顺地秧歌是辽宁省东北部的传统舞蹈，形成于清初，是一种年代久远、民族性与民间性极为浓厚的民间舞蹈形式，因为这种民间舞蹈形式群众基础广泛，所以，一直流传至今。

抚顺地秧歌

清朝建立后，东北地区较为安定，满族民间开始追求丰富多彩的文化娱乐方式，他们在原有的民族舞的基础上，兼容吸收汉族和其他民族的舞蹈，最终形成了以走阵为主，角色、装扮、舞蹈动作都独具地方特色的抚顺地秧歌。

提到我国东北地区的民间舞蹈，相信大家会不约而同地想到秧歌。热情的东北人民，画上略显夸张的妆容，穿上红色、绿色、粉色、蓝色等鲜艳的衣服，拿着手绢、扇子、鼓等道具，伴着激烈的音乐声，随性舞动，千姿百态，美不胜收。

在众多的秧歌形式中，抚顺地秧歌极具特色，也深受民众喜爱。抚顺地秧歌产生于清朝初期，努尔哈赤在入主中原前，创建了八旗制度，民兵一体，每当打了胜仗或者逢年过节，都要喝酒、唱歌、跳舞，鼓乐一响，由官员率领，边扭边唱，初步形成了这种与民同乐的舞蹈形式。

在抚顺地秧歌舞蹈表演中，每个角色都承载着不同的角色特征，代表着满族生活中形形色色的职业和人物，其中，最具有代表性的人物便是身着满族服装的"鞑子官"和穿着皮袄、斜挎串铃及生活狩猎器具的"外鞑子"，他们生动形象地反映出满族先人狩猎、征战的主要生活形式。

狩猎民族的舞蹈

满族先民以狩猎和征战为主，常年生活在山区里，这种生活方式也让抚顺地秧歌动作丰富，造型多姿。《清宫逸闻》中说："满族人舞时其气象发扬蹈厉"，意思是满族人的舞蹈激扬刚烈，这是狩猎民族的基本特征。

抚顺地秧歌，不仅形成年代久远，而且具备浓重的民族性和民间性。抚顺地秧歌的舞蹈动律可概括为"扬""蹲""跺""盘""摆""颤"六种，每种动作都有自己独特的美感。比如，"扬"就是双臂张开的动作，其特点是舒展奔放、大伸大展；再比如"蹲"，指的是男性半蹲，屈膝成九十度，并伴随节奏做出的起伏动作，像极了满族男子屈身进反、旌旄弓矢的场面。

可以说，抚顺地秧歌这种舞蹈形式向人们充分地展示了满族的风俗传统和生活习惯，其中的一些表演动作，我们都能从满族人民骑马、射箭、战斗等传统生产生活方式中寻到踪迹，而其中模仿虎、鹰、熊等的动作，也是沿袭自先前的传统舞蹈。

不仅如此，秧歌服饰上还带有八旗旗标，抚顺地秧歌中"打千儿礼""抱腰礼"等动作，均包含着鲜明的满族特征。另外，抚顺地秧歌的舞蹈动作以一臂在前，一臂于后，大伸大展为主要特征，以上身晃动，下身屈膝，双脚交错，大起大落为基本造型，其中特有的扬、蹲、跺、盘、摆、颤等姿势，更是生动地表现出满族人民渔猎生活和社会活动方式，充分向我们展现了满族八旗子弟身姿矫健、善于骑射的独特风采，性格激扬刚烈，恣意随性的民俗风情，以及满族男女交流感情时柔美细腻，又不乏热情奔放的民族特色。

抚顺地秧歌的传承

随着时代的变迁和其他舞蹈的影响，以及老艺人数量的不断减少，经常性的地秧歌表演已经很难开展，标志性动作也逐渐被简化，20 世纪 80 年代民族民间舞蹈集成普查时，抚顺地区的满族秧歌队尚有五十余支，而现在，渊源和传承人谱系较为清楚的只剩下四支秧歌队。纯正传统的满族秧歌已寥寥无几，甚至连最热闹的年节时分都不见这个活动，保护抚顺地秧歌的行动势在必行。

2006年，辽宁省抚顺市申报的抚顺地秧歌成功列入第一批国家级非物质文化遗产名录，至此，抚顺地秧歌以全新的意义和价值，再次走进民众的视野。在党和政府的共同努力下，它尽可能地保留着满族民族特色和民族文化，同时也见证着满族文化传统的独特价值，它是研究满族民风民俗、民族历史的鲜活标本和动态资料，对传承、维系满族文化起着重要作用。

如今，抚顺地秧歌走进了课本，走进了学校，还在2010年时走进了上海世博园，收获了全世界的一致好评和喝彩。相信在不远的将来，一定会有更多的年轻人爱上这项民间传统舞蹈，抚顺地秧歌也一定会更好地传承发展下去。

湛江人龙舞——中华精神的生动象征

　　湛江人龙舞起源于广东省湛江市东海岛东山镇，最早出现在明末清初时期。这是一种以舞龙的方式来祈求阖家平安、万物丰收的古老汉族舞蹈，至今已经流传了三百余年。湛江人龙舞这种民间大型广场表演艺术充满了浓郁的乡土气息，它通常由大人和孩童共同完成，人数一般为五六十人，有些人龙舞可达数百人，可谓雄伟壮观。

湛江与龙舞

　　舞龙，亦称作龙舞，是中华民族的传统民俗项目。每逢新春佳节或者庆典喜事，便会有舞龙队穿上鲜艳的衣服，手持竹竿，将竹、布等特质的龙身舞动起来，意在祈求平安、消灾降福，同时也能将喜乐氛围烘托得更加热烈。龙舞在我国各地区和各民族间广泛分布和传播，根据不同地区的风俗习惯，形成了多种多样的表现形式，各有各的风格特点和艺术表现力。其中，湛江人龙舞是所有龙舞中最具特色的形式之一。

　　湛江人龙舞产生于广东省湛江市东海岛，它是在特定的社会历史和自然地域共同作用下产生的，相传其起源于明末清初。明末，一位将领率兵南撤，恰逢八月十五到达东海岛，当地民众为了鼓舞士气，也为了让士兵们能在此地过好中秋节，便商议组成人龙，制造节日氛围，结果广受好评，形成了人龙舞的雏形。到了清朝乾隆和嘉庆年间，人龙舞已经成为东海岛最常见的民俗活动之一，每逢春节、元宵节、中秋节等，大街小巷张灯结彩，人龙舞表演队都会走上街头，为大家带来精彩的表演。

明 文俶 金石昆虫草木状

龙是中国等东亚地区神话传说中的神异动物，常用来象征祥瑞。

"东方一绝"

湛江人龙舞被称为"东方一绝"，与一般的舞龙不同，湛江人龙舞是以人体相连组成一条"人龙"，其中龙的形态，不是借助道具表演，而是由串联起来的人完成。

湛江人龙舞的龙可以分为三个部分，分别是龙头、龙身和龙尾。其中，龙头是龙的精髓所在。舞龙头者要身材高大、强壮有力，他需要身绑龙头，肩扛龙腮，兜住一名男童作为龙舌，另外一名男童则会骑在他的颈上，高举龙角的装饰物，第三名男童搭在他的肩上，后仰连接成年男子，组成龙身的一节。龙身的长短，往往取决于队伍中青壮男子和男童的多少，可以由几十人组成，也可以由几百人，甚至上千人组成。龙尾也要挑选强壮的男子，他需要举起一名男童，男童头戴龙尾装饰物，并随着龙身摆动。

表演中，设有一名"引龙人"，他一般身穿中山式褂子和长裤，腰系红带，手持长杆，长杆上装有一枚颜色鲜艳的铁丝球来指挥和引导龙舞队。演员通过化妆打扮，根据具体的需要穿上黄色或者青色的服装，龙也随之变成黄龙或青龙。

舞龙时，演员会按照锣鼓的节奏舞动。在光芒的照射下，龙头双眼闪闪发亮、昂首前进，龙身左右翻滚、龙腾飞舞，龙尾上下摇摆、尽显神威，看上去非常壮观。湛江人龙舞表演者众多，他们赤着脚在辽阔的浅水沙滩上，或快

《年节习俗考全图·舞龙灯》

舞龙灯是一项规模宏大的集体运动，有扎龙、扎灯、绘龙、唱龙歌、练龙舞等程序，是中华文化的一个标志。

速跑动，或稳健地托人上肩，形成了起龙、龙点头、龙穿云、龙卷浪等流畅多变的队形，远观生机勃勃、极富动感，近观威武有力、粗犷雄壮。舞龙者的集体精神和民俗智慧都在其中有着深刻的体现，更展现出厚重的民俗气息和海岛特色。

湛江人龙舞与中华龙文化

龙，自古以来就是中华民族的图腾，也是中华精神的象征。湛江人龙舞作为中国传统龙文化中的一员，将中华文化和海洋文化巧妙结合在一起，既体现出中华民族团结合作、勇敢直率、开拓进取的精神，又包含着对于大自然的喜爱和敬畏，以及人与自然和谐共处的美好愿景和追求。它是中华民族传统文化的一种表现形式，是历代劳动人民对文化、风俗、信仰的表达和寄托，也是中华精神的生动表达。

2006 年，湛江人龙舞获准列入第一批国家级非物质文化遗产名录，学习和表演湛江人龙舞，不仅可以学习动作、锻炼身体，更重要的是深入了解我们中华民族的文化，传承和发扬民俗文化，激发出深厚的民族认同感和民族自豪感。

在社会高速发展和变迁的新时代，传统人龙舞正面临着极大的机会和挑战。相信在党和政府的扶持和帮助下，它一定能够找到新的方向和道路，也一定会有更多的年轻人加入进来，为湛江人龙舞的传承贡献力量。

天塔狮舞——"惊""险""奇""绝""美"的凳上绝技

天塔狮舞又称"狮子上板凳",最早可追溯到隋唐时期,历经宋元明清,距今已经有一千余年的历史。天塔狮舞是山西省襄汾县陶寺村的传统舞蹈,它以"惊""险""奇""绝""美"的艺术特点而被誉为"中华一绝"。

瑞兽之舞

狮子是中华人民心目中的瑞兽,它象征着幸福如意,也寄托着人民消灾纳福、吉祥平安的美好愿景。自古以来,每逢新春佳节或者典礼庆典,我们都能看到舞狮活动。狮舞用的狮子通常是由彩色布条制作而成的,表演时需要两个人合作完成,分别舞动狮头和狮尾,做出或憨态可掬或威武矫健的动作姿态,为观众提供精彩的表演,烘托喜庆的节日气氛。

狮舞的历史源远流长,发展至今已有一千多年的历史。《汉书》中所记载的"象人"便是狮舞的前身,唐宋诗词中也有不少描写和赞扬狮舞的句子。由此可见,狮舞在我国传播广泛,有着深厚的群众基础,是我国优秀的民族传统艺术之一。可以说,有中国人的地方,就有狮舞的存在。即便是海外的华人社区,人们也经常能够看到舞狮庆贺的场景。

狮舞经过长时间的发展,已经形成南北不同的舞蹈风格,南狮动作凶猛矫健,对武术功底要求较高,而北狮憨态可掬,动作多以嬉戏和玩耍为主。根据不同的狮子造型和动作技法,南北方又分别形成了多种多样的特色舞狮,具有不同的地域特色和艺术形态,深受民众喜爱。山西省襄汾县的天塔狮舞,就是一项颇受人们喜爱的汉族传统民间舞蹈。

春苑风
和霭戏塘狮猔
头角纷圭璋问
他粉本泛何得
应左鲁论第五
章

宋　苏汉臣　《百子嬉春图》

图中多位孩童在狮舞，说明在宋朝时民间狮舞活动已经蔚然成风。

天塔狮舞

天塔狮舞，又称为狮子上板凳，相传起源于隋唐时期。表演者在保留原狮舞精髓的基础上，开始尝试攀登板凳并在板凳上完成表演，将武术、杂技、戏剧等技巧融入狮舞中，使表演内容更加丰富有看点，逐渐形成了"惊、险、奇、绝、美"的天塔狮舞。

板凳、绣球、狮子头、狮子被和乐队乐器一起构成了天塔狮舞。表演时，参演人员列队进场，助手会快速稳妥地搭起板凳，在场地上竖起九米高的塔台，伴随紧锣密鼓的器乐，身穿英雄服，腰系彩带的领狮人，引领着两头由双人组成的大狮子和四只单人扮演的小狮子亮相，并进行直立、翻滚、争夺绣球等技巧表演。随后，领狮人会快速旋转着登上板凳塔塔顶，逗引狮子们上塔表演。两头大狮子一前一后，顺着天塔底部钻空而上，登上顶部狭窄的板凳，左右腾空完成直立、昂首、跳跃、搔痒、亲吻等高难度动作。接着，四只小狮子飞速攀登，并在塔顶完成"莲子开花""倒挂金钟""凤凰单展翅"等动作，大狮子则表演"蜻蜓点水""水中捞月"等绝技，并在表演结束时打开两侧的庆贺条幅，亮相收场。

天塔舞狮既包含着北方的豪放，又兼具南方的精细，可谓是将舞狮、书法、武术、杂技等内容融合在一起，其中包含着塔台高耸，动作大开大合的"惊"；在力学原理下形成安全保护措施的"险"；狮子眼、舌、尾活动自如，展开条幅的"奇"；特色突出，融入技巧和文化的"绝"；以及表演张弛有度，造型舒展大方的"美"。这项凳上绝技表现出极强的戏剧性、观赏性和娱乐性，是我国民间舞蹈中的瑰宝。

天塔狮舞传承

伴随着民俗活动产生和发展的天塔狮舞，是山西省的优秀传统民俗艺术，也是我国非物质文化遗产之一，它表现了人民喜庆、欢乐的节日心情，丰富了人民的文化生活，也提高了人民的文化欣赏水平。其中，人与动物和谐相处的剧情内容、独特的表演形式和高超的动作技巧，对于研究民间舞蹈、民间音乐

和民俗美学，均有着重要且深远的意义，是不可多得的优秀的民间舞蹈。

　　天塔狮舞的塔台高高耸立，舞狮人的动作大起大落，令人惊叹。值得一提的是，天塔狮舞表演过程遵循了科学的力学原理，虽然看上去十分危险，但实际则是有惊无险，观众观看狮舞，也能获得极强的视觉体验。天塔舞狮的狮子眼、舌、尾活动自如，配合造型优美的高台表演，更能显示出动人的魅力。

　　天塔舞狮因其独特的表演形式与高超的绝妙技巧，曾获得中国第七届艺术节优秀奖以及山西省第一届及第三届广场文化节金奖。国家非常重视对天塔狮舞这一非物质文化遗产的传承与保护，抢救、保护、研究天塔狮舞不仅对美学与艺术具有重要意义，也对中国民俗学及音乐舞蹈史研究具有重大意义。2006 年 5 月 20 日，天塔狮舞经国务院批准列入第一批国家级非物质文化遗产名录。

傣族孔雀舞——傣族人民智慧的结晶

傣族孔雀舞分布于云南省德宏傣族景颇族自治州的瑞丽、潞西，以及西双版纳、孟定、孟达、景谷、沧源等傣族聚居区，是我国傣族民间舞中最为传统，也最负盛名的表演性舞蹈，其中，云南西部瑞丽市的孔雀舞最具代表性。傣族孔雀舞相传起源于一千多年前，后经过民间艺人不断改编，一直流传至今。

孔雀舞传说

孔雀舞历史悠久，有着广泛的群众基础。早在一千多年前，傣族民间就已经流传着与孔雀舞有关的美丽传说。

相传，在很久以前，有一个善良却贫穷的傣族小伙子，为了谋生每天都到江边钓鱼。他每次钓鱼都坐在一棵空心树下，由于钓鱼技术高超，小伙子每次都能钓到很多的鱼。可是，有一天小伙子照常来钓鱼，却一条鱼都没有钓到。

正在沮丧时，小伙子身后的空心树因为风的吹动而发出了声响，树上的果子也被吹落到河中。小伙子被这自然之声迷住，忍不住往河里看去，正好看到水面上有一对绿孔雀的倒影。只见这对绿孔雀展开美丽的尾羽，正随着这自然之声翩翩起舞。

小伙子非常激动，他赶紧扔掉鱼竿跑回寨子，给乡亲们描述了刚才见到的奇景。乡亲们非常惊奇，都想亲眼看看那动人的情景。于是，小伙子便将空心树做成长鼓，又找来铜盆、铜锅，让寨子青年模仿果子掉落的"咚咚"声，自己则学着孔雀的样子，随着节奏翩翩起舞。当时，观看的群众都看得入迷。从那以后，用象脚鼓和锣伴奏的孔雀舞便流传开来。

傣族木雕

傣族木雕具有显著的民族特色，取材方便，雕琢精巧。

傣族木雕

傣族木雕应用广泛，栩栩如生、古朴大方。

西域職貢昭咸賓富籠常見非奇珍珠毛
翠角固可愛孚成雛曾罕聞數歲前乃
有兩轂雜伏翼之領哺蜀淋滲弱質隨雌
脛老雀乾中情及邈三年小尾五年大花
下淵屛壷翠軃絆羽暎日煥輝之圍眼凌
風張箇低無嫩篠高層繡罳雙竅珖珹瑠
簾拾之卯末拍之邓那索翔躬蕙嶺尖桠
禽兯識土產好菁裁栻樸風人藻盂廷濟
故末能離文褐覽覷懇懷抱
戊寅少月既望
御筆

此幅画中的花园里有两只色泽鲜艳的孔雀，各以开屏及站立姿势正互相炫耀着，牡丹花娇媚灿烂，孔雀光彩夺目。

傣族与孔雀舞

　　傣族，又被称作"泰族"，是我国特色鲜明的少数民族之一。傣族人民喜欢水，爱洁净，爱沐浴，有"水的民族"之美称。目前，傣族人民主要生活在云南西双版纳傣族自治州、德宏傣族景颇族自治州等地。

　　傣族人民喜爱音乐，能歌善舞，音乐和舞蹈的历史悠久，艺术水平高超。早在1世纪，汉武帝开发西南地区之后，傣族便与中原保持着往来，傣族使者多次前往洛阳等地表演有民族特色的乐舞、魔术、杂技等，备受当地民众的赞美和喜爱。

　　孔雀和大象是傣族人民心中的吉祥物，尤其是"圣鸟"孔雀，它是善良、智慧、幸福和吉祥的象征，相传一千多年前，有位傣族首领因为崇尚孔雀，故而模仿孔雀的优美姿态翩翩起舞，后来经过民间舞蹈艺人不断加工改进，形成孔雀舞并流传下来。

　　傣族孔雀舞是傣族最负盛名，也最受民众喜爱的舞蹈。孔雀舞由来已久，并且已经被纳入傣族的宗教礼仪之中。在傣族聚居地区，每逢"泼水节""开门节""关门节""赶摆"等传统民俗节日，傣族人民都会打起象脚鼓聚集在一起，跳起栩栩如生的孔雀舞，寄托自己幸福愉悦的心情。

孔雀舞艺术

　　孔雀舞程式要求严格，位置图和步法都有明确的规范。舞蹈的内容，大多是表现孔雀上山下山、森林漫步、溪边饮水、振翅、展翅、抖翅、亮翅、开屏、点水、飞翔，以及嬉戏追逐等动作。

它保留着傣族传统民间舞蹈中膝部柔韧起伏的习惯和特点，舞蹈者需要保持半蹲姿态，让身体配合舞蹈中感情的变化而变化，时快时慢地颤动，再搭配上手臂、手腕、手指、头部、肘部、胯部、腰部的灵活运动，身体和手臂的关节均做一定程度的弯曲，形成三道弯的窈窕曼妙舞姿。孔雀舞尤其注重手上的动作，有掌式、腿式、孔雀手式、扇形手式、嘴半握式等，通过不同的手型，可营造不同的意境和美感，极大地丰富了舞蹈语言。

象脚鼓、锣、钹等打击乐器，是孔雀舞仅有的音乐伴奏，尤其是象脚鼓，其鼓点非常丰富。在傣族，从几岁孩童到古稀老人，都会打象脚鼓，孔雀舞表演者一般会选择一位优秀的鼓手伴奏，鼓手不单是乐师，也同样会参与到舞蹈中来，这样既能为舞蹈表演提供丰富多彩的鼓点，又能及时跟随表演者的动作和情绪调整鼓点，民族音乐和民族舞蹈之间相互呼应、相互感染，最终为我们呈现出精妙绝伦的傣族孔雀舞表演。

傣族孔雀舞动作优美典雅，敏捷轻盈又不乏柔韧。这一典型特征让整套舞蹈动作柔软而不松散，充满内在的韧性，将孔雀温柔灵动又稳重坚强的性格表现得淋漓尽致。这种舞蹈在傣族地区流传得非常广泛，虽然都是表现孔雀形态的舞蹈，但由于地理环境和风俗习惯的细微差别，也有着不同的地域差异和风格特色，非常值得比较和研究。

孔雀舞是我国非物质文化遗产，也是傣族人民智慧的结晶。轻盈灵秀、婀娜优美的孔雀舞中，蕴藏着细腻丰厚的情感，其中，有傣族人民对于孔雀的喜爱和崇敬，也有他们对于美好生活的向往和追求。孔雀舞在不断的发展和改进过程中，形成了极高的艺术价值，是我国民族舞蹈宝库中不可多得的珍宝，对于维系傣族民族团结也起着重要作用。

湘西苗族鼓舞——用鼓声传递"生生不息"

　　苗族人的祖先为蚩尤，苗族先民最早居住在黄河中下游地区，后来迁徙到江汉平原，后又因战争等原因，逐渐迁徙到西南山区及云贵高原。苗族人民能歌善舞，舞蹈有芦笙舞、板凳舞、铜鼓舞等，其中以苗族鼓舞最为有名。苗族鼓舞的特征是击鼓而舞或者击鼓伴舞。在不同的地方，苗族鼓舞的活动形式也不尽相同。

艺术气息浓厚的湘西苗族

　　在我国湖南省的西北部，有一个处于湖南、湖北、重庆、贵州四地交界的地区，这里地势复杂，水源充沛，风景秀美，气候湿润，资源丰富，各种保护动物在这里栖息，珍稀植物在这里生长，这里是湘西土家族苗族自治州，简称为湘西。

　　湘西土家族苗族自治州历史悠久，人杰地灵，这里不仅是国家文化生态保护区，也是武陵文化的发源地之一。辖区内有国家历史文化名城凤凰县，也有众多人文景观和历史古迹，是苗族人民的聚居地之一。

　　相传，在五六千年前的炎黄传说时期，苗族就已经存在了。苗族人民崇拜天、地、日、月等自然事物，在漫长的繁衍生息过程中，逐渐形成了属于自己的语言、文学和音乐舞蹈艺术。其中，湘西苗族鼓舞，便是流传在这里的独特舞蹈，也是国家级非物质文化遗产。

图中描绘出苗族地区的人文景观和歌舞器乐，是苗族生活的真实写照。

土人在山箐观贵乡多龐峒
閒男女皆善唱婦人力耕
歲首則迎山魈以為雞
我服粧飾吹笙擊鼓以
唱神歌遠近遠近村屯
每歲三二月男女聚觀調
以酒食而散

桶龍苗在南籠羅斛各屬衣尚黑青以
帕束首婦人尚青布縴頸衣招
多至二千餘幅拖腰以彩布一幅下重至膝
以青布裹之二月為歲首飲牛馬雞犬皆用
作醋豆酸芫荽為佐肴富績者則曰野醋桶幾
世於婦皆菊合

084

湘西苗族鼓舞

苗族鼓舞是苗族人民喜爱的舞蹈形式，它与当地苗族的自然环境和人文环境息息相关。苗族在历史上经历过七次大迁徙，在迁徙过程中，苗族人通过击响铜鼓来保持联系。唐宋时期，部分苗族人定居武陵后，铜鼓体积也有所增加，在唐宋古籍中均能看到关于铜鼓的描写，湘西苗族的坐堂鼓、欢迎鼓、拜访鼓等便源于这个时期。明清之后，湘西地区在汉文化的影响下，逐渐舍弃了铜鼓，而盛行简朴轻便的木皮鼓，这大大促进了鼓舞的发展和繁荣。那时的湘西人民，常有祭祀活动，每当这个时候，便会"使妇人之美者跳而击之"，善于唱歌的男女身着盛装，"男左女右旋绕而歌，迭相唱和，举手顿足，疾徐应节"，这种艺术形式在当时被称为"跳鼓藏"。

湘西鼓舞种类繁多，有犁田、种地、插秧、晒谷等生产动作，织布、洗衣、推磨、煮饭等生活动作，也有背剑、挡剑等武术动作和猴子上树、猫咪洗脸、狮子滚绣球等动物类动作。按照击打方式，湘西鼓舞可分为锤舞和拳舞，锤舞包括梳头舞、插花舞、猴子舞等，拳舞包括花朝天开舞、爆竹舞等。根据舞蹈作用，又可分为正月里热闹欢快的庆年舞，以及常在秋冬时祭典上出现的庆神舞。从 20 世纪 80 年代末开始，湘西鼓舞逐渐出现在商业活动和景区展示中，这项民族特色的舞蹈，终于走上了大众舞台，被人们所熟知和喜爱。

苗族儿女一般会穿着色彩鲜艳、精致夺目的民族服饰表演鼓舞，乐曲节奏明快，表演者双手轮流击鼓，配合脚上的跳跃动作，全身扭摆，动作舒展大方，一边击鼓，一边翩翩起舞。不同类型的舞蹈，形体特色也各不相同，猴儿舞风趣灵巧变化多，花鼓舞柔美妩媚，男子舞豪放刚健，女子舞含蓄秀美，团圆舞欢快活泼。

湘西苗族鼓舞传承

湘西苗族鼓是舞伴随着湘西苗族的日常生活产生的，经常出现在劳动生产活动中，它由来已久，内涵丰富，特色鲜明，早年在抵御外来势力和反抗封建朝廷的过程中，起到了号召和鼓舞人民的作用，极大地提升了民族凝聚力。而现在，鼓舞已演变为广受苗族人民喜爱的民间艺术形式。

苗族舞蹈之所以能盛行不衰，在很大程度上得益于苗族人民对于祖先的崇拜。苗族人民认为，舞蹈是祖先的情感意志，而舞蹈所用的芦笙、木鼓之类也都是由祖先创造的。将舞蹈传承下去，是祖先给后人的一种神意。此外，苗鼓也是湘西苗族的圣物，在一声声鼓点中包含着苗族人民虔诚的宗教信仰，也蕴藏着他们勇于革新、顽强拼搏的民族精神。

苗族鼓舞发展到今天，已经逐渐成为一门能够屹立于世界的舞蹈艺术。苗族鼓舞活泼欢快、舞姿独特，吸引了不少专家学者和民间人士争先恐后地研究。深入研究、保护和传承湘西鼓舞，对研究苗族历史、宗教、民俗能够起到重要作用，对研究民族舞蹈、民族音乐和民族文化也同样有着深远意义。

凤台花鼓灯——淮河流域的艺术根脉

凤台花鼓灯是淮河流域一些舞蹈的根脉，也是安徽地区的传统舞蹈，著名的淮剧、凤阳花鼓、提琴戏、泗州戏等都是由花鼓灯衍生而来的。凤台花鼓灯有四百多种语汇、五十多种基本步伐，讲究男女角色配合。凤台花鼓灯动作细腻、变化多样，花鼓灯舞蹈动作内涵丰富，而且注重感情表达，是一种非常有可观性的舞蹈。

淮河流域的艺术根脉

淮河，又称为淮水，位于我国东部，处于长江和黄河中间的地域，它发源于河南省桐柏山太白顶的西北侧河谷，流域地跨湖北、河南、安徽、江苏、山东五省，是我国的七大江河之一，与长江、黄河、济水并称为"四渎"，也是我国南北分界线的标志性河流。

淮河流域气候舒适，交通便利，是我国极为出名的鱼米之乡。其复杂的水系支流冲积形成了土壤肥沃、资源丰富的淮河平原，这里耕地面积大，人口密度高，是我国重要的农业生产基地。同时，这里也是汉族文化的重要组成部分，儒家、墨家、法家学派，都是在淮河流域创立的，著名的历史人物曹操和"建安七子"也多出生于这里。淮河流域的历史、文学、音乐、舞蹈等，都在本领域有着较高的成就和地位。凤台花鼓灯，便是其中一项重要的汉民族舞蹈。

凤台花鼓灯主要流行于淮河中游的安徽省淮南市凤台县，距今已有近千年的历史。大约在宋朝的时候，它便已经开始流传，据说是百姓感恩包公开仓放粮，以"玩鼓灯"的形式欢庆而产生。到清朝中期，花鼓灯已经初具规模，趋近成熟，并在清末民初形成了自己的流派特色。中华人民共和国成立后，花鼓灯被视为汉民族舞蹈的典型代表，正式登上民族舞蹈的殿堂。

凤台花鼓灯

每年从秋收之后到来年春耕以前的农闲时间，是花鼓灯活动最密集的时间，庙会和春会时表演最多，也最热闹。凤台花鼓灯是由舞蹈、灯歌和锣鼓音乐共同构成的艺术形式，其中男角称为"鼓架子"，女角称为"兰花"，既有十多人组成的集体情绪舞"大花场"，又有两人或三人组成的"小花场"，舞蹈包括程式化表演和即兴临场发挥，其中表现青年男女谈情说爱、娱乐嬉戏的场景，是花鼓灯舞蹈的核心部分。

除此之外，花鼓灯还包括将舞蹈、武术、技巧相结合的"盘鼓"表演，以及歌舞结合的小歌舞剧"后场小戏"，这两种也是花鼓灯舞蹈的重要表现形式。凤台花鼓灯约有五十种舞蹈基本步法，扇花富有变化，讲究男女角色配合，十分注重角色人物情感的刻画，动作细腻而优美，其中，强调腰部扭动的典型动作"三道弯"，展现了东方舞蹈的独特之处。

除了舞蹈之外，凤台花鼓灯还十分注重音乐表达，锣鼓曲牌极为丰富，在节奏上对打击乐要求严格，例如《八段锦》《小放牛》《小五番》等，都是它节奏明快的常用曲牌，配合舞蹈带给观众不同的享受。而在演出中转场或休息的间隔，还有花鼓灯歌这种节奏舒缓的清唱音乐，灯歌取材多样，内容丰富，歌中最常见的词句就是歌颂劳动、赞美爱情、谈论时政、描绘景物、叙述民俗这几类。灯歌与舞蹈相辅相成，使其具备了更加浓厚的文化价值和底蕴，深受民众的喜爱。

除凤台花鼓灯之外，还有怀远花鼓灯和颍上花鼓灯，这是花鼓灯的三大流派。他们创造了艺术风格鲜明、民族特征浓厚、系统较为完整的民间歌舞艺术，产生了《游春》《抢板凳》《丢手绢》等优秀的花鼓灯节目，以及一批优秀的民间艺人。花鼓灯舞蹈集中体现了奔放、热情、优美、细腻的汉族传统民间歌舞特点，也是淮河流域文化和艺术的杰出代表。

凤台花鼓灯传承

关于凤台花鼓灯的历史，可以追溯到宋元时期。到了清朝中叶，凤台花鼓灯已经初具规模，并且趋于成熟，成为深受人民喜爱且广泛流传的民间艺术。清末民初阶段，花鼓灯在凤台已经基本形成了自己的流派特色。中华人民共和国成立后，花鼓灯作为汉民族舞蹈的典型代表，登上了高雅艺术的殿堂。党的十一届三中全会以后，花鼓灯艺术开始受到重视，也注入了新的生命力。

凤台花鼓灯对于淮河流域的民间舞蹈和民间艺术影响深远，如今，这项传统民间舞蹈，亟须人们的关注、保护和传承。2006 年 5 月 20 日，花鼓灯经国务院批准，被列入第一批国家级非物质文化遗产名录。

婺源傩舞——面具下的神鬼祭祀

婺源傩舞，俗称"鬼舞""舞鬼"，是江西地区的传统舞蹈，也是我国古代长江流域非常盛行的一种舞蹈。婺源原始傩舞最早可追溯到先秦时期，可以说是今人研究中国舞蹈艺术以及傩文化的"活资料"。婺源傩舞的表演形式有单人独舞、双人舞、三人舞、群舞等。这种舞蹈大多演绎了神话和民间传说，表演形式也是非常夸张、粗犷、简单。

神鬼之舞

在人类发展的初级阶段，由于人们认识世界、改造环境、克服困难的能力有限，先民们认为，所有的灾害和苦难都是由恶鬼带来的，所以，他们要举行祭祀仪式，乞求神佛的庇护，以达到驱瘟避疫、远离灾祸、风调雨顺的目的。

在这些祭祀仪式上，往往会由巫师戴上面具扮作神，表演和展示特定的动作，来达到吓退魔鬼的目的。而这种保佑人们免于灾祸、休养生息的神便是"傩神"，巫师所做的动作被称为"傩舞"。

傩舞的起源与原始狩猎、图腾崇拜、巫术文化等息息相关。"傩"其实是原始时代的一种祭祀方式，又被称作"跳傩""傩戏"，在表演时，一名领舞者会装扮成驱鬼神像，自称"方相氏"。在"方相氏"的带领下，表演者们开始"跳傩"。随着祭祀活动的愈加繁盛，"傩"的形式也日渐丰富。

早在前1600年的商朝，从甲骨文的卜辞中便已经能看到关于傩祭的记载。到了周代时，傩舞更是被列入国家礼制。唐朝时，宫廷大傩仪式繁重，北宋宫廷傩礼采用了新制度，并逐渐向娱乐化方向发展。宫傩后来只在明朝时短暂恢复过，元朝和清朝因为民族信仰不同，统治阶层不再举行傩礼。

傩舞在我国民间一直存在，经过长时间的发展变迁，与各地宗教、文化、民俗活动相融合，形成了现在具有不同地域特征的传统民俗舞蹈，在江西、湖北、湖南、四川等省份流传较多。每年正月初一到正月十六，是傩舞表演最多的时间段，表演者佩戴神话人物或者历史名人的角色面具，正所谓"摘下面具是人，戴上面具是神"。旧时人们将傩面具视为"神"，取出时，要由两名德高望重的老者慢慢拉开橱门，敬重地请出傩面具，封存时也要举行祭祀仪式。

北宋　佚名　《大傩图》

这是一幅描写民间驱除厉疫习俗的风俗画。图中的人物有的戴假面具，有的拿法器，有的击鼓，手舞足蹈，表现了人们驱除厉疫的传统形式。

婺源傩舞

来自我国江西省的赣傩，是汉族傩文化的重要组成部分，婺源傩舞是赣傩的重要分支。婺源傩舞历史悠久，它源于唐代，盛行于明朝，那时鬼舞傩班遍及全县，有"三十六傩班、七十二狮班"的说法，还有将舞狮和傩舞结合在一起的狮傩班。

婺源傩舞的节目内容多为神话故事和民间传说，有一百多个傩舞节目，两百多个傩舞面具。例如：盘古手持巨斧砍劈，表演他勇往直前、所向无敌的英雄气概的《开天辟地》；表现判官与小鬼斗酒嬉闹，富有生活情趣的《判官醉酒》；表现秦二世篡夺皇位，气势磅礴的大型舞剧《舞花》；《后羿射日》《刘海戏金蟾》《太白金星下凡》等，这些剧目至今仍活跃在婺源傩舞的表演中。

婺源傩舞有单人舞、双人舞、三人舞、群舞等表演形式，舞蹈动作十分丰富，《开天辟地》中"磨斧""拗斧""劈斧"动作；《丞相操兵》中"舞花""抢棍""拍腿过河""操兵部"动作；婺源傩舞中模拟女性的"妮行步"等，这些表演动作中多含有顺拐、含胸、挺腹、屈膝等姿势，体现着婺源傩舞古朴、豪放、简约、夸张、传神、沉而不懈、梗而不僵的独特优点。

婺源傩舞传承

婺源傩舞在音乐和绘画方面的成就也很高。它的伴奏音乐由打击乐、曲牌、唱腔三部分组成，后来又发展成戏曲模式，增加了弦乐等曲调。其面具是工艺精湛、活灵活现的彩绘木雕艺术，形象地表现出傩舞人物的老少美丑和好坏忠奸，在传统神鬼祭祀的同时，也达到了丰富人们艺术文化生活的娱乐作用。

婺源傩舞作为汉族"傩文化"的杰出代表，是我国古代舞蹈艺术研究的"活化石"，深受国内外专家、学者的青睐。这种悠久历史和具有独特风格的传统民族舞蹈，蕴藏着汉族厚重的民俗文化和人民美好的愿望，是舞蹈艺术史上不可多得的珍贵形式，也是我国宝贵的非物质文化遗产之一。国家非常重视非物质文化遗产的保护，2006 年 5 月 20 日，婺源傩舞经国务院批准被列入第一批国家级非物质文化遗产名录。

奉贤滚灯——降服水魔的娱神仪式

奉贤滚灯是流传于"江南桥乡"——上海奉贤的一种传统艺术，这种传统艺术集舞蹈、杂技、体育为一体，距今约有一百二十年的历史。在奉贤，舞滚灯又被称作"跳滚灯"，舞者多为男子，通常以单人舞、双人舞这两种表演形式为主。后来，为了更具观赏性，滚灯表演又发展演变成多人群体舞灯，而且女子也可以参加。

起源于海洋的舞蹈

上海位于我国华东地区，是我国著名的直辖市，也是国家经济、金融、贸易、航运、科技创新的中心城市。

上海地理位置优越，位于长江三角洲冲积平原的前缘，东面是东海，南面是杭州湾，西面是江苏和浙江，北面是长江的入海口。黄浦江作为长江入海前的最后一条支流，流经上海市区，构成了上海市密布的河网。可以说，上海因为海洋而产生，凭借海洋而兴盛，更借着海洋的便利条件而扩展和壮大。

1292年，元朝将上海镇从华亭县划分出来，批准单独设立上海县，这也标志着上海城市化的开始。上海的城市发展与港口、航运关系密切，民俗和艺术文化也均受到海洋的滋养和影响。

滚灯流传至今已有七百年的历史，相传宋朝修筑里护塘时，浙江海盐到上海奉贤的一段土塘，几次被潮水冲决，有位竹匠想出一个解决办法，他用毛竹片编成椭圆形的大筐来固定石块，然后抛入决口，成功堵住了水流。后来，剩余编织好的竹筐就放了工地岸边，有几位年轻人空闲时把玩起这些竹筐，这就是滚灯的雏形。南宋著名诗人范成大的诗句"掷烛腾空稳，推球滚地轻……

轻薄行歌过，癫狂社舞成"，就是对滚灯的描写。奉贤滚灯，便是上海市奉贤区因海洋而产生的传统舞蹈，饱含着人民降服水患、祈福消灾的美好愿景。

奉贤滚灯

奉贤滚灯起源于20世纪80年代初的胡桥镇。奉贤滚灯中所使用的灯，一般由12根毛竹片扎制而成，直径从数十厘米到百厘米不等，有内、外两个球形组成，内球中装有明火，舞动起来更加绚丽和惊险。奉贤滚灯与海洋文化和傩文化均有着一定联系。奉贤地处杭州湾入海口，历史上水患频发，民众为了消灾避祸，让舞者头戴掌管水利的二郎神傩面具跳舞，以达到祭祀、娱神、祈求风调雨顺的目的。

从明代开始，奉贤成为抗击倭寇的重要地区，进驻了大量军队，奉贤百姓用滚灯这种形式表达自己的喜悦之情和对军队的欢迎之意。将士们受到奉贤滚灯的影响，也将滚灯作为强身健体的训练方式，甚至还在滚灯内球中放上铁球或者石块，由此产生了难度更高的"武灯"。在实际表演中，奉贤滚灯所使用的"文灯"和"武灯"，通常会用红布和黑布来区分。

这是一项集舞蹈、杂技、体育为一体的艺术形式，以男子的单人和双人表演为主，现在也出现了有女子参加的多人群体舞灯，其中有跳、滚、爬、转、跃、甩等多种戏球、缠腰、挑灯动作，双双被称为白鸽生蛋、蜘蛛放丝、金猴嬉球、日落西山、鲤鱼卷水草等特色名称。奉贤滚灯的动作既有豪放潇洒的，又有细腻稳重的，是一种刚柔并济的独特舞蹈艺术。

奉贤滚灯传承

随着社会的发展和进步，奉贤滚灯渐渐从最初的祭祀、娱神仪式，变成民间娱乐项。每逢新春佳节或者丰收庆典，就会举行以舞滚灯为主题的庆贺活动，不管人群如何拥挤，只要滚灯舞动起来，围观群众就会自动为它让出一条通道，所以，民间又将滚灯称为"百灯之首"或者"灯中之王"。

可是，奉贤滚灯目前受外来文化冲击，其生存与发展也面临着很大困难。

随着老艺人的相继离世，一些高难度动作技巧已经濒临失传，亟须加大抢救扶持的力度。国家为保存与发展这项艺术，特在 2008 年将滚灯列入国家级非物质文化遗产名录。

奉贤滚灯这项传统民族舞蹈蕴藏着劳动人民对于平安、顺遂、美好生活的追求和向往，也饱含着中华民族不屈不挠、勇于挑战的民族精神。在新时期，它同样具有极高的艺术价值和社会价值，值得我们发扬和传承。

第四章

传统戏剧

京剧——讲述历史故事的"国剧"

京剧，又称平剧、京戏，是中国五大戏曲剧种之一，也是我国艺术史上最闪亮的瑰宝之一，还是我国影响最大的戏曲剧种。京剧以北京为中心，传唱遍及全国各地，所以，又有"国剧"之称。京剧融合了昆曲、秦腔等剧种的精髓，是民间曲调不断交融的结晶，也是传播中国传统艺术文化的重要媒介。

国粹京剧

提到京剧，那真是无人不知、无人不晓，甚至每个中国人，还能或多或少地来上几句京剧唱段。不管是古代故事题材的《贵妃醉酒》《霸王别姬》，还是现代故事题材的《沙家浜》《智取威虎山》，这些经典京剧旋律和唱词，似乎已经融进每一个中华儿女的血液，不管身在何处，只要器乐一响，唱腔一亮，我们就能极其骄傲地说上一句——"这是我们的国粹——京剧！"

京剧的历史由来已久，但最终成形是在清朝时期。它的前身是清初流行于江南地区的徽班。徽班流动性强，与其他剧种接触频繁，在声腔和技法上互有交流和渗透。

1790年，三庆班进入北京，参加乾隆帝的八十寿辰庆祝演出，从此落脚北京城，之后，四喜、和春、春台等戏班也在北京大栅栏地区落脚并进行演出，然后，他们又与来自湖北的汉调艺人合作，并吸纳昆曲、秦腔的部分剧目、曲调和表演方法，又吸收了一些地方民间曲调，通过不断的交流、融合，最终形成京剧。

中华民国时期，优秀京剧演员大量涌现，京剧呈现出流派纷呈的繁盛局面，达到鼎盛。这时，出现了许多我们耳熟能详的优秀演员，如余叔岩、言菊朋、高庆奎、梅兰芳、程砚秋、荀慧生、尚小云等，尤其以梅兰芳命名的京剧表演体系最为著名，被视为东方戏剧表演体系的代表，成为世界三大表演体系之一。

京剧艺术

京剧的表演内容是人民喜闻乐见的历史故事和话本，京剧演员通过不同的扮相和唱腔，扮演故事中不同的角色，用唱、念、做、打的形式表演出来。

京剧月琴

月琴作为我国古老的民族乐器，于清代中前期甚至更早的时间被引入秦腔（京剧西皮调的源头）。

清　沈蓉圃　《同光十三绝图》

画师参照清代中叶画师贺世魁所绘《京腔十三绝》的戏曲人物画之形式，挑选了清同治、光绪年间京剧舞台上享有盛名的 13 位演员，用工笔重彩把他们所扮演的剧中人物绘画出来，个个栩栩如生。

唱是指歌唱，念是音乐性的念白，做是舞蹈化的形体动作，打是武打和翻跌的技艺，这四种表演形式相互融合、相辅相成，构成歌舞化的京剧表演艺术，使京剧舞台更加生动多样。观众在形象地感受故事情节的同时，也收获了一场视听盛宴，这在古代乃至近代都是非常难得的，这也是京剧流传范围广且经久不衰的原因之一。

除了"唱念做打"，京剧脸谱这种别具一格的化妆艺术也非常引人注目。京剧脸谱专指京剧演员面部的绘画。虽然京剧脸谱变化万千、千人千面，但功有基本功，戏有基本戏，脸谱自然也有基本谱。脸谱的绘制一则直接绘制在人脸上，二则绘制于假面上。红色脸谱代表忠勇，黑色脸谱代表猛智，蓝色、绿色脸谱代表草莽英雄，黄色脸谱代表奸诈，白色脸谱代表凶恶，金色、银色脸谱则代表神秘的神仙妖怪。

据记载，曾经登上舞台的京剧剧目多达一千三百多个，现今经常演出的也

有三四百个，其中《玉堂春》《长坂坡》《群英会》《空城计》《贵妃醉酒》《三岔口》《野猪林》《二进宫》《拾玉镯》《挑华车》《霸王别姬》《四郎探母》等剧目最为广大观众所熟知。中华人民共和国成立后，京剧传唱人改编、创作了一些新的历史剧和现代题材作品，如《将相和》《穆桂英挂帅》《杨门女将》《海瑞罢官》《沙家浜》《红灯记》《智取威虎山》《骆驼祥子》等剧目，现在也广为流传，并深受大家喜爱。

京剧的传承

京剧与其他地方戏曲类似，它具有强烈的人民性，表演的剧目均突出表现人民群众的勤劳智慧、善良勇敢、坚韧不屈等优秀品格，歌颂人民反抗封建压迫所进行的正义斗争，以及对自由幸福生活所做出的不懈努力。同时，京剧中

清　佚名　京剧一百人物像　曹操

清　佚名　京剧一百人物像　包文正

很多艺术元素,如唱腔、锣鼓、化妆、脸谱等,也被用作中国传统文化的象征符号,是民族传统文化的重要表现形式。

2006 年,京剧被列入第一批国家级非物质文化遗产名录,2010 年,京剧又被列入联合国教科文组织非物质文化遗产名录(名册)中的人类非物质文化遗产代表作名录。它作为我国民族文化史上闪亮的一颗明珠,经过一阵短暂的消沉之后,如今再次回到人们的生活中,不少年轻人和小朋友都逐渐爱上了这项传统文化。

京剧作为传统文化宝库中的珍宝,随着观看京剧、演唱京剧、学习京剧、传承京剧的人越来越多,京剧未来的发展也一定会越来越好,一定会世世代代地闪耀下去!

越剧——舞台美学的戏园"奇葩"

　　越剧是中国第二大剧种，是在20世纪时，由浙江嵊县（现为嵊州市）的多种民间音乐形式发展而成的剧种。在中国，越剧有"第二国剧""流传最广的地方剧种"之称。在国外，越剧则被称作"中国歌剧"。可以说，越剧受到了海内外艺术人士的广泛追捧。在发展中，越剧汲取了昆曲、话剧、绍剧等剧种的特色部分，并经历了从男子越剧到女子越剧为主的历史性演变。

越剧的历史

　　越剧是一个晚出的剧种，它源于清末浙江嵊县的落地唱书，最初的演出场地往往是农村搭建的草台，演唱艺人也多为热爱曲艺的男性农民。1906年3月27日，在嵊县东王村的香火堂前，落地唱书的艺人们用稻桶垫底，上面搭上木板，进行演出，这是越剧在中国历史上第一次登台，最初的小歌班也由此产生，这一天也被后世确定为越剧的诞生日。

　　在随后的十几年中，小歌班不断发展完善，在学习和融合绍兴大班的京剧表演技巧后，逐渐开始在上海立足。那时，上演的剧目《孟丽君》《碧玉簪》《梁山伯与祝英台》等，顺应了五四运动后男女平等的思潮，广受观众们的欢迎和喜爱。

　　1923年，嵊县创办了第一个女班，称为"髦儿小歌班"，接下来女班接连出现，蜂拥至沪，逐渐取代了日益衰落的男班，名称也从所谓的"绍兴文戏"改成了"越剧"。

　　《梁山伯与祝英台》《西厢记》《孔雀东南飞》《玉堂春》《琵琶记》《祥林嫂》等剧目，至今仍是越剧的经典唱段，它们十分注重人物性格和心理活动的刻画，舞蹈身段和表演程式都富有美感，演员举手投足间尽显细致的节奏感，形成了写意和写实相结合的独特艺术风格。越剧唱腔俏丽多变，曲调悠长婉转，极具表现力，充沛、细腻的情感表达，让表演充满感人以形、动之以情的魅力，这也是越剧能流传至今的重要原因之一。

越剧艺术

　　越剧非常注重舞台呈现。20世纪40年代，越剧废除了水粉上妆，改用油彩，后来又吸收了美容妆法和绘画妆法，让妆容更加生动逼真。在发饰的选择上，越剧旦角也创造出自己的风格，头饰去繁化简，以戴珠凤为主，拆掉了装饰花，将原来华丽的风格转换为清丽、简洁、明快的风格特点。而在服装上，经过不断的摸索和改进，服饰风格也逐渐配合妆容和发饰，多运用清新自然的款式，柔和淡雅的色彩和质料，从而形成了轻柔、淡雅、清丽的独特的造型风格，在国内外演出中收获了一致好评，也对传统戏曲服装的发展做出了杰出贡献。

越剧文化景观

越剧的舞台布景，同妆容服饰一样，也十分考究。它的舞台布景，十分注重虚实结合，在守旧的基础上，加以丰富和创造，合理运用剪纸、皮影等民间艺术手法，搭配上演员和团队精心设计的灯光和音响效果，在不断尝试的过程中不断改进，致力于给观众一种身临其境的绝佳观看体验。

除了服装、化妆和道具外，越剧本身也非常吸引人。越剧极擅长抒情，演员们以唱为主，声音相当优美动听。这种唯美柔婉的唱腔也展现了江南地区的灵秀之美。由于越剧柔美典雅，所以，剧目多以"才子佳人"为主题。

越剧包括唱、念、做等各种艺术因素，其中又以"唱"的特色最为突出。唱不仅包含演员的唱功，也包含越剧的音乐声色。随着时代的发展，越剧艺术家们对乐器的利用水平也越来越高，而且不少流派都有自己独特的"绝活儿"。比如，人们会用胡琴拉出开、关门声，能用唢呐吹出马嘶声、婴孩啼哭声，能用小锣打出水波声，能用黄豆与竹编、三夹板与白铁皮来模仿"雨声""雷声"，能用两个毛竹节筒来模仿马蹄声，等等。

越剧的发展成形不过短短百年，正是这种勇于探索、勇于尝试、精益求精的舞台态度，让越剧至今仍备受观众喜爱，成为中华戏曲百花园中一朵耀眼的奇葩。

越剧的传承

越剧在享誉全国的同时，还走出了国门，在世界范围内收获了盛誉，被国外戏剧爱好者称为"中国歌剧"。不过，在经济飞速发展的现今社会，多元化的艺术形式不断冲击着我国的传统民间艺术，越剧的生存现状并不乐观，对越剧的保护也迫在眉睫。

2006年5月20日，经国务院批准，越剧被列入第一批国家级非物质文化遗产名录，从而再次受到国内外戏剧爱好者的追捧。

豫剧——传唱地域的独特剧种

豫剧起源于明朝中叶，它是在民歌小调的基础上，吸收秦腔、北曲等演唱艺术发展而成的。其实，早在北宋时期，开封就已经有相当规模的勾栏瓦舍了。民间艺人们在勾栏瓦舍里演出，当时还上演了大型杂剧《目连救母》。豫剧的唱腔铿锵大气、抑扬有度，颇受老年人的喜爱。这样的唱腔让豫剧人物有血有肉，也让豫剧变得韵味醇美、生动活泼。

豫剧诞生的摇篮——河南

河南省位于我国的中部地区，这里地理位置优越，自然环境优渥，地势和水文情况多样，贯穿全国的交通要道在这里汇聚，悠久的历史形成了深厚的文化底蕴，文学和艺术水平较高，历代人才辈出，自古以来便有"九州腹地，十省通衢"的美誉。

河南，不仅是中华大地的中枢，更是中华文明的起点和摇篮。相传远古时期，这里曾经有亚洲象栖息，因此人们又将河南称为"豫州"。它如同一头雄壮勇敢的大象，庇护着一代代中华先民，也承载着厚重丰富的中华文化。

人杰地灵的河南大地，孕育出众多优秀文学篇章和艺术形式，其中豫剧便是非常独特的一种戏剧艺术。

豫剧，也称河南梆子、河南高调、靠山吼等，是我国最大的地方剧种，也是我国五大剧种之一，是仅次于京剧和越剧之后的中国戏曲三鼎甲。它主要流行于河南省，在全国各地均有流传，是我国梆子声腔剧种中重要的一支。

宋代的瓦子勾栏　　勾栏是宋元戏曲在城市中的主要演出场地，等同于现在的戏院。

清朝时期的豫剧

清朝乾隆年间，豫剧已经十分流行，这一时期的文献如《歧路灯》《杞县志》等有相关记载，当时梆子戏已在开封、杞县一带盛行，并曾与罗戏、卷戏合班演出，称为"梆罗卷"。

107

豫剧的诞生和发展

宋代时，戏剧便已出现在河南大地上，《东京梦华录》中就曾记载开封府遍布勾栏瓦舍，一场演出有上千名观众观看。而且，随着研究的深入和大量史料文献的证实，特别是在编修《中国戏曲志河南卷》的过程中各方面的专家通过广泛的调查和论证得出，豫剧起源于明朝中后期，诞生地为古都开封和周边各县。当时，河南盛行小调、小令，豫剧在小调和小令的基础上，又受秦腔、蒲州梆子、北曲弦索等演唱形式影响后，逐渐发展形成了今天豫剧的前身。

到了清朝乾隆时期，梆子戏已经在河南流行，《歧路灯》《杞县志》中便记载着梆子戏与罗戏、卷戏合班演出，被称为"梆罗卷"。清末民初时，以天庆班为代表的戏班由乡村进入开封演出，河南梆子逐渐走进城市茶社，并迅速占领了城市的演出市场。

中华人民共和国成立后，职业剧团相继成立，新编曲目与剧目也大量出现，极大丰富了河南梆子的曲目和剧本，而这项传统戏剧也正式被定名为"豫剧"。

豫剧的传承

豫剧的构建有着明显的多元性，十分善于包容、吸收和融合，在剧目和音乐上都很丰富，有四大板类，数十个板式唱腔，数十种调门唱法，多种曲词和曲牌。因各地语音差异，形成了明

豫剧乐器

豫剧乐队的文场主奏乐器，早期为大弦、二弦和三弦。20世纪30年代，樊粹庭与陈素真把板胡引进豫剧舞台，并进行了细微的改良，此后板胡就成了豫剧的主弦。

显带着区域特色的艺术流派，例如，以开封为中心的"祥符调"，以商丘为中心的"豫东调"，以洛阳为中心的"豫西调"和流行于豫东南地区的"沙河调"。如今，祥符调和沙河调都趋向没落，只剩豫东调和豫西调仍保有蓬勃的生命力。

由于长期植根中原，豫剧深受中原地区黄河流域地方文化的影响。它的唱腔曲调高亢明快，抑扬有度，既有热情奔放的阳刚之气，又很注重充沛细腻的情感表达，十分擅长表达人物的内心情感，成功塑造了许多贴近生活、有血有肉的人物形象。而且，豫剧所使用的中原方言并不晦涩，南北方都能听懂，再加上戏剧中幽默乐观的语言表达，使豫剧成为一种昂奋宏大、雅俗共赏的特色戏剧，蕴藏着"中和"之美。其演出剧本囊括古今、老少皆宜，《打金枝》《秦香莲》《包青天》《朝阳沟》《小二黑结婚》等剧目，均受到观众的一致喜爱和好评。

豫剧作为质朴淳厚、富有鲜明乡土气息的特色剧种，是我国民族戏曲宝库的珍贵财富，也是我国非物质文化遗产名录中的一员。随着时代的发展，当代豫剧跟随河南卫视、河南豫剧院等团体，走出了河南，走向全国，走向世界各地。豫剧在意大利、法国、德国、英国等国家多有演出，不仅收获了众多好评，还被西方人称赞为"东方咏叹调"。

黄梅戏——淡妆素抹的"戏曲清流"

黄梅戏，又称黄梅调、采茶曲等，是在湖北黄梅起源、在安徽安庆发展壮大的中国五大戏曲之一，它是由山歌、秧歌、采茶歌、花鼓调等民间曲艺形式，吸收汉剧、楚剧、京剧、采茶戏等众多剧种精华，而逐渐发展形成的独立剧种，在湖北、安徽、江西、福建、浙江等地，均有黄梅戏的演出团体，广泛受到当地民众的关注和喜爱。

黄梅戏的历史

早在唐代时期，采茶歌便已经在黄梅县十分盛行，后来受到宋代民歌和元代杂剧的影响，清朝道光年间形成了被视为黄梅戏雏形的民间小调。因为黄梅县地处长江北岸且地势较低，水患频发，黄梅人为了灾年逃荒、行乞他乡时表达遭遇，纷纷学唱黄梅戏，这也使黄梅戏向湖北、江西、安徽等周边平原地区扩散，其中一支表演团体向东来到现在的安徽省安庆市。

早期的黄梅戏只有歌曲，类似于采茶歌。后来，黄梅戏中加入了故事情节，演变成了"二小戏""三小戏"。而黄梅戏的角色行当体制，就是在"二小戏""三小戏"的基础上发展而来的。一直到上演整本的大戏之后，黄梅戏才逐渐发展出青衣、正生、小旦、小生、丑角、老旦、奶生、花脸等行当。

到了民国时期，黄梅戏的行当分为"上四脚"和"下四脚"。所谓"上四脚"，指的是青衣（正旦）、白须（老生）、黑须（正生）、花脸；"下四脚"，指的是小生、花旦、老旦、丑角。不过，虽然黄梅戏的行当门类不少，但大部分演员都是身兼数职，很少有人能专工于某一种行当。1930年后，黄梅戏班社与徽班社、京班社合班演出，刀马旦和武二花被黄梅戏班社吸收，由此，黄梅戏又多了两个行当。

到了20世纪50年代，安徽省黄梅戏剧团将传统剧目《董永卖身》改编成《天仙配》，并搬上银幕，黄梅戏很快在大江南北流行起来，在海外也收获了不少观众的赞美。

黄梅戏艺术

黄梅戏的唱腔属于板式变化体，既有曲调质朴欢快优美——极具生活气息和民歌小调色彩，以演唱小戏为主的花腔；又有曲调欢畅富有变化——常用来点睛的彩腔；更有庄重严肃大方——传统正本戏中最常用的主调。这三种腔系在戏曲表演中穿插出现，相互配合，相互衬托，最终形成了黄梅戏清新纯朴的唱腔和以明快抒情、细腻动人见长并富有表现力的独特艺术魅力。

黄梅戏中，有青衣、花旦、小生和丑角。其中，青衣多是扮演正派端庄的妇女，比如，《罗帕记》中的陈赛金，以及《荞麦记》中的王三女等。

黄梅戏里的花旦，又称小旦，多扮演活泼可爱的少女、少妇。由于角色需要，花旦需要"唱做并重"，且声音要清脆甜美。为了更好地展示少女、少妇的活泼多情，演员还需要借助扇子、罗帕、花束等物。另外，在黄梅戏中，还有"一旦挑一班"之说。

黄梅戏中的小生，通常用大嗓演唱，折扇是演员们的标准配件。黄梅戏中著名的小生角色有《天仙配》中的董永、《罗帕记》中的王

黄梅戏乐器 高胡

中华人民共和国成立以后，黄梅戏正式确立了以高胡为主奏乐器的伴奏体系。

科举、《女驸马》中的李兆廷等。

黄梅戏中的丑角，可细分为小丑、老丑和丑婆（彩旦）三种小行当。丑角是黄梅戏中比较受欢迎的行当，为了更好地表现"滑稽""奸诈"等性格特点，丑角们经常拿着旱烟袋来插科打诨。黄梅戏中著名的丑角有《钓蛤蟆》中的杨三笑、《打豆腐》中的王小六等。

除此之外，黄梅戏相比于其他剧种的另一显著特点是，它更注重演员眉眼的妆容。黄梅戏不像京剧那样浓重地临摹轮廓，而是更加注重神韵的表达，类似于古代女子的淡妆。黄梅戏戏装很讲究晕染，小生一般眉峰稍聚，眉眼上扬，显示出清秀俊朗的形象；花旦则多数为眉目含情的妆容，眼波流转之间，自带清新韵味。

黄梅戏的传承

如果说其他剧种是一场色彩艳丽、美轮美奂的视觉盛宴，那黄梅戏更像是淡妆素抹、清新淡雅的缠绵细语，它歌舞相融合的表演形式，传递出质朴细腻、活泼自然、流畅优美的生活气息，其中《天仙配》《女驸马》《打猪草》《纺棉纱》《夫妻观灯》《牛郎织女》等最具代表性，这些剧目演出最多，也最受观众欢迎。

新时期，受新文化艺术冲击和传统艺人逐渐老去的影响，喜欢、学习、演唱黄梅戏的人越来越少，黄梅戏流行区域大面积萎缩，各个黄梅戏剧团的生存也日益艰难，黄梅戏发展陷入困境。

2006年，黄梅戏经国务院批准被列入第一批国家级非物质文化遗产名录，此后，这项传统戏剧的发展和延续问题引起了社会各界的关注。党和政府充分利用网络等新兴媒体推介、宣传黄梅戏，积极探索黄梅戏人才培养新模式，并将传统与创新相结合，尝试将黄梅戏与旅游业相结合的多元化演出场景等。相信在多方的不断努力下，黄梅戏一定能在新时期找到自身的发展方向，为我们带来更多精彩的戏剧表演，长久闪耀在传统戏曲的艺术殿堂中。

评剧——"接地气"的民间艺术

评剧，又称为"蹦蹦戏""落子戏""平腔梆子戏""平戏""评戏"等，主要流传于我国北方的北京、天津、河北、东北等地，是我国五大戏曲剧种之一，也是广大人民群众喜闻乐见的戏曲表演形式。评剧可分为"东路评剧"与"西路评剧"两派。"东路评剧"流行于华北、东北地区，且在南方也有广大观众基础；"西路评剧"是在东路评剧梆子的影响下形成的，又叫"北京蹦蹦"，也是别具风格。

评剧的历史

清朝末年，河北唐山一带的贫苦农民，在农闲时多以自弹、自唱、自打的传统曲艺《莲花落》为生，19世纪末，逐渐出现了专业的莲花落艺人。随后，东北民间歌舞"蹦蹦"传进关内，莲花落艺人迅速融合了这种艺术形式，开始演唱《王二姐思夫》《杨二舍化缘》《安安送米》等剧目，深受当地农民的喜爱。这些艺人很快从农村来到城市，煤矿和钢铁工人是这个剧种早期的观众和支持者。1910年前后，受进步民主思想的影响，以成兆才为代表的民间艺人，在河北东部滦州一带对口莲花落的基础上，先是吸收东北二人转的音乐和剧目，接着又吸收了京剧、皮影、大鼓等曲艺形式的音乐和表演艺术，在表演中采用全套河北梆子乐器伴奏，最终形成了评剧的基本样式。

成兆才是评剧的创始人，也是评剧第一位剧作家。他早期的作品《马寡妇开店》《花为媒》《卖油郎独占花魁》等，是评剧的奠基戏。他对社会变革十分敏感，很快又吸收文明戏的表演手法，编演了《枪毙小老妈》《黑猫告状》等反映现实生活的时装戏，其中，1919年编写的《杨三姐告状》久演不衰，是评剧的代表剧目。此后，评剧发展日益成熟，出现了李金顺、刘翠霞、喜彩莲、爱莲君等流派。中华人民共和国成立后，评剧进入了繁荣发展时期，小白玉霜和韩少云主演的《小女婿》、新凤霞主演的《刘巧儿》《祥林嫂》《金沙江畔》，以及改革开放后出现的《山里人家》《疙瘩屯》《贫嘴张大民的幸福生活》等剧目，备受观众的喜爱。

评剧艺术

　　评剧的特点是曲调朴实亲和，唱词浅显易懂，演员吐字清晰，表演明白如诉。这种特点意味着评剧表演的生活气息十分浓厚，有亲切的民间味道。

　　评剧的音乐是板腔体，即唱腔的基本单位是对称的上下句，有慢板、二六板、垛板和散板等多种板式之分。在这个基础上，按照某些变化原则，演变为不同的板式，评剧主要有尖板、搭板、大小安板、倒板、垛板等板腔，伴奏乐器多为民间常见的二胡、三弦、堂鼓、底锣、笛子、唢呐等。

　　评剧表演艺术虽然吸收梆子、京剧的身段、程式、动作、唱腔等，逐渐产生了青衣、花旦、老生、小丑等行当，但仍旧保持着民间小戏的特征，有着浓郁的生活气息。评剧的形式活泼、自由，很擅长表现当代人民生活，所以在城市和乡村都有大量观众。

评剧的传承

　　善于表现现实生活是评剧的最大特点，可是，由于评剧产生的时间较短，所以，剧目种类不像皮影戏般繁多，行当也不如京剧详细。在表现形式上，它也无法做到像京剧、梆子剧那样反映帝王将相的生活、政治、军事等的大型故事。

　　评剧的题材大多反映的是下层社会、农民阶层的生活，底层官吏、市民和农民的生活是评剧的主要故事来源。早期，评剧只有男角、女角之分，以明白如诉的唱功见长。后来，评剧受到京剧影响，逐渐发展成有小生、老生、青衣、花旦、彩旦、老旦、花脸、小花脸等行当齐全的大剧种。不过，评剧仍然保留了生活气息浓厚的特点。

评剧表演中流畅自然、贴近生活的曲调，搭配表演者朴实自然、健康优美的表现形式，就像是把人们的日常生活搬到了舞台上。因此，评剧具有广泛的群众基础，并从东北、华北地区，很快流传到了西北、西南地区，是我国近百年来成长快、分布广、影响大的传统戏剧之一。

评剧不仅有深厚的民间文化艺术底蕴，又兼具现代化的审美意识，同时，它还承载着京津冀地区的民俗文化，展现着不同历史时期人们真实的生活面貌。评剧既是一种不可多得的宝贵艺术财富，也是弘扬民族文化、促进艺术交流中必不可少的一项传统艺术。

2006年，评剧经国务院批准，被列入第一批国家级非物质文化遗产名录之中。如今，评剧已经积累了众多雅俗共赏的剧目，这些剧目也深受戏剧爱好者的追捧。

川剧——戏剧中的"特技"表演

川剧，是主要流传于我国四川、重庆、贵州、云南等省市的汉族戏曲剧种，是我国西南地区影响最大的剧种，也是我国国家级非物质文化遗产。

蜀戏冠天下

早在唐代时期，川戏就已经在四川地区流行，这种戏剧形式在四川甚至全国都有着非常大的影响力，有"蜀戏冠天下"的美誉。

提到川戏，还有一段不得不说的故事。话说元和元年（806年），任蜀中方镇的刘辟是个巨贪。他在蜀中肆无忌惮地搜刮民脂民膏，俨然一个蜀中之王。蜀地的戏曲艺人们为了呼吁大家保护朝廷，反对刘辟，特意排练了一出《刘辟责买》公开演出。蜀地百姓极爱看川戏，看到《刘辟责买》后，大家纷纷声讨起刘辟来。谁知，朝廷昏庸，竟认为此戏是"明讽刘辟，暗讽朝廷"，下令将演员毒打了一顿后充了军。老百姓群情激愤，这也为老百姓后期反唐埋下了伏笔。

古时川戏班有供奉祖师爷的习惯，每次上场之前，都要对祖师爷画像顶礼膜拜。川剧有两位祖师爷，一位是开创开元盛世的唐明皇李隆基，另一位是五代时期的后唐庄宗李存勖。前者曾逃难到成都，将长安的梨园乐工技巧都带到这里；而李存勖则格外热爱戏剧，在当时给了戏剧和戏剧艺人以极高的地位。在这两位皇帝的促进下，包括川戏在内的戏剧均得到了大力的发展。

明末清初，昆曲、弋阳腔、青阳腔、陕西梆子等声腔流入四川，与当地原有的薅秧调、川江号子、地方小调等本地音乐相融合，形成了极富四川特色的民间曲艺音乐。辛亥革命前后，昆曲、空腔、高腔、胡琴腔、弹戏与四川民间灯戏经常同台演出，在演出时逐渐互相影响和融合，最终形成了"五腔共和"的川剧，并流传至今。

川剧艺术

　　川剧剧目丰富繁多，以至于有"唐三千，宋八百，数不完的三列国"的说法，其中，有根据宋元南戏、元杂剧、明传奇及各种古老声腔剧种改编、留传下来的剧目，如《黄袍记》《春秋配》《九龙柱》《五子告母》等，其文学和历史的价值较高，也有中华人民共和国成立后整理、改编、创作的剧目，如《柳荫记》《白蛇传》《打红台》《巴山秀才》《死水微澜》等，都有较大的影响力和较高的社会意义。川剧表演具有浓郁的生活气息，往往体现出生动活泼、幽默风趣的艺术特征，为了更好地塑造人物、表现剧情，川剧中创造了很多像变脸、藏刀、钻火圈、踢慧眼、耍靴子、绳吊、打叉等特技动作，这也是川剧最显著的特色。

　　变脸是川剧中体现人物形象和表现人物内心思想感情的一种浪漫主义手法，其方式主要有抹脸、吹脸、扯脸、运气变脸等几种。川剧演员随着剧情的进展和情绪的变化，在戏剧动作的掩饰下，通过特定的手法将脸色的装扮转换成全然不同的另一副模样，可以变化出红、绿、白、黑等七八张不同的脸，甚至更多，令人拍案叫绝。

　　川剧藏刀是演员表演所用的两尺多长大钢

川剧变脸脸谱

川剧脸谱讲究，刻画细致，能淋漓尽致地演绎人物的悲欢哀愁。

諸葛亮

趙雲

空城計

司馬懿

司馬師

穿戴臉兒俱照此像

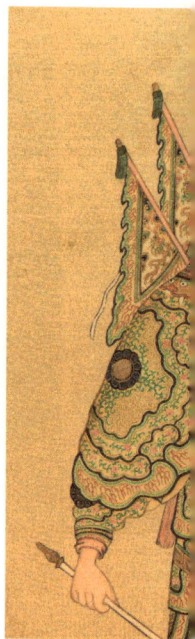

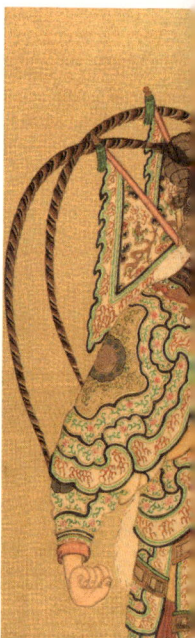

清　佚名　《三国人物戏曲脸谱·空城计》

118

黄忠

馬謖

王平

司馬昭

夏侯霸

老軍

刀，一会儿出现在观众面前，一会儿又不知去向，近乎魔术表演，十分吸引人。吐火、钻火圈、耍烛火、打粉火等绝技则带给观众惊险刺激的体验。这些特技表演，不仅有助于故事情节和人物性格的表现，更展现出表演者过硬的技巧，这让川剧观看性和艺术性俱佳，满足了观众多方面的审美需求。

川剧的传承

"无技不成艺"，川剧很好地诠释了这句话。川剧特别的表现手法和表演技法，与声腔音乐相结合，充分运用到各个剧目中，在吸引观众的同时，也体现出中国戏曲虚实相生、遗形写意的美学特点，是我国戏曲艺术中的杰出代表。

川剧彰显着巴蜀地区从古至今人们的生活状态和不同民族的独特风情，对该地区社会、历史、经济的发展情况也有所体现。因此，传承和发扬川剧，对于研究巴蜀文化、艺术、民俗、历史等都有很大的意义和价值。

可是，尽管四川各地的川剧院出现了多个让业界惊羡的国家精品剧，但依然难逃人才断层、名角稀缺以及创新乏力等情况。早在 20 世纪 70 年代，振兴川剧的口号就已经打出去了。可是，由于川剧人才收入较低，少有年轻演员愿意入行。年轻演员不入行，很多老演员也无法退休。目前，很多川剧舞台都急缺演员，现状令人担忧。

2006 年 5 月 20 日，川剧经国务院批准，被列入第一批国家级非物质文化遗产名录。入选国家非物质文化遗产名录后，国家对川剧进行了一系列保护措施。在国家的大力发展下，川剧终于开始焕发新气象，在新时代有了新的生命力。

梨园戏——闽南之域的"古南戏活化石"

梨园戏作为我国的传统戏剧剧种，距今已有近千年的历史。它起源于福建省泉州市，流传于泉州、漳州、厦门等闽南方言区域，与浙江南戏并称为"搬演南宋戏文唱念声腔"的"闽浙之音"，被誉为"古南戏活化石"。

梨园戏的历史

梨园是我国古代对戏曲班子的别称，这个称呼源于唐朝时期训练乐工的机构。唐玄宗自幼精通音律，喜爱歌舞表演，认为俗乐富有更高的艺术性，于是，命人在太常寺之外，单独设立了管理和教授俗乐的机构——梨园，除了亲自演奏，还招收学生培养音乐人才。梨园可谓是大唐的皇家音乐学院，也是我国戏曲艺术的发源地。

早在唐朝时期，泉州作为我国东南沿海的重要城市，其音乐、歌舞艺术就已经非常繁荣了。五代时期，便有化妆的歌舞表演，到南宋时，这里还出现了"优戏"。绍定年间，泉州曾颁布"禁戏"和"莫看百戏"的《劝农文》，充分说明那时南曲戏文已经非常流行了。

当时，闽南地区的戏剧主要有三种艺术流派，一种是土生土长的下南班，一种是浙江方向来的上路班，还有一种被称为"小梨园"的贵族府第的家班。

从现存的剧目来看，下南班唱腔用南音，保留着古乐曲，使用闽南方言，声腔质朴原始，具有浓郁的乡土气息，可以感受到宋元南戏的余味；上路班多为宋元旧编的古剧，题材内容是更侧重已婚男女悲欢离合的家庭剧，虽然也是南音唱腔，但曲牌处理更加淳朴、哀怨，也比下南路丰富。"小梨园"贵族府第的家班则主要演唱少男少女的爱情故事，演员扮相也以小生、小旦为主，所用的曲牌、套曲、名曲更加丰富多样。

那时，每个流派都有自家的保留剧目，各有特色，相互竞争。其中，下南班和上路班都是成年人组搬，可以"优人互凑"，因此合称"大梨园"，而家班的"小梨园"多为童伶，又称为"七子班""戏仔"等，演员长大之后就离开戏班了。

梨园戏的传承

梨园戏至今仍能在曲艺舞台上占有一席之地，主要得益于它的"唯一性"，它继承了宋元南戏中众多的剧作、唱腔和演出形式，保留着最原生态的戏剧样式。

梨园戏有一套严格规范的表演形式，基本动作为"十八步科母"，对演员的手、眼、身、步等每个细节都有严格要求，如"举手到目眉，分手到肚脐，拱手到下颏"等，每个行当都要遵守这种规范。梨园戏如此严谨、细致的动作程式，再加上传统的压脚鼓、箫、弦等南音乐器伴奏，在一桌二椅、深黑天幕的简单舞台上，显示出浓重的古典雅致的意蕴和格调。

除了表演，梨园戏的戏服也很具观赏性。比如，传统梨园戏的水袖有一尺长，戏衣多为红色和黑色。到了 20 世纪 40 年代初期，梨园戏戏服开始有绣花纹饰，而且花纹都用全金、全银这样的对比色，在舞台灯光下熠熠生辉，非常美丽。中华人民共和国成立后，梨园戏服也随着表演艺术的发展以及剧目的需求，逐渐出现以明色为主、饱和色为辅的服饰装扮，这样的服饰非常适合抒情的文戏，看上去非常典雅。

典雅、精致、优美是梨园戏的典型风格特点，它的剧目多为文戏，在《王魁》《赵贞女》《朱文》《刘文龙》《梁灏》《范雎》等经典剧目中，我们至今仍然可以体会到泉州音演唱的晋唐古乐唱腔，以及《霓裳羽衣曲》《摩诃兜勒》等古曲牌。而且，梨园戏演奏所用的琵琶与唐制相仿，上弦是晋代奚琴遗制，洞箫则为唐尺八。不论是曲牌、唱腔还是乐器，我们都能从梨园戏中看到传统戏剧艺术的遗风，不愧为"古南戏活化石"。

梨园戏的价值珍贵且独特，是我国综合性的艺术宝藏。它不仅生动地向我们展示了宋元时期的传统戏剧样式，也体现出古时闽南地区人民的日常生活和艺术文化生活，是国家级非物质文化遗产之一。在未来的传承与发展中，我们不仅要让梨园戏这个"活化石"活下来，更要让它活起来，让更多的人感受并喜欢上这项极具魅力的传统戏剧。

昆曲——细腻婉转的古老珍品

昆曲，原名"昆腔"，别名"昆剧"，又被称作"昆山腔"，是我国汉族传统戏曲中最古老的剧种之一。早在元朝末年（14世纪中叶），昆曲就已经出现在苏州昆山一带。在戏剧这座"百花园"中，由于昆曲有慢、小、细、软等演唱特色，使昆曲具有了细腻、婉转的艺术风格，所以，昆曲素有"兰花"之称，一直是我国汉族传统文化艺术中的瑰宝。

昆曲的历史

南戏被尊称为"百戏之祖"，而昆曲便是其系统下的曲种。昆曲大约发源于元末明初的苏州昆山，是由昆山人顾坚草创的。明朝嘉靖年间，魏良辅作为当时杰出的戏曲音乐家与戏曲革新家，吸收了当时流行的余姚腔、弋阳腔、海盐腔的特点，与昆山腔相融合，形成了新的声腔，广受人们的喜爱。同时，因为这种腔调听起来细腻婉转、软糯动听，让人联想到当地人喜欢食用的水磨糯米粉汤圆，于是也将昆曲声腔称作"水磨调"。

明朝万历年间，昆曲进入了爆发式的发展期，许多优秀的作家和学者参与进来，撰写了大量语言优美、故事生动曲折的剧本，将昆曲的发展推向高潮。昆山人梁辰鱼最早创作出昆曲形式的演出剧作《浣溪沙》，这让原来主要用于清唱的昆曲正式进入戏剧表演领域。后来，人们又将《宝剑记》和《凤鸣记》改为昆曲表演，这三部剧作主要是围绕政治内容展开，而后演出的《绣襦记》《玉簪记》等则是围绕爱情主题展开。从此，政治和爱情便是昆曲剧作的两大主题，即可独立出现，又可融合到一起。

值得一提的是，明朝末期的汤显祖，是我国历史上伟大的剧作家。他创作的昆曲剧目《牡丹亭》一经演出，立刻引起了极大的轰动。《牡丹亭》将闺门少女神秘而绮丽的梦幻爱情搬到了舞台上，突破了传统伦理道德中礼教的束缚，提出了一种"情之所至""生死皆可逆转"的理想的爱情观念，这无论在艺术创作还是在思想启蒙上，都具有极高的意义和价值，也标志着昆曲创作进入了全盛时期。

从此往后至清朝乾隆年间的一百多年里，是昆曲发展最为蓬勃兴盛的时代。它先是经扬州传入湖南、北京，又流传到四川、贵州、广州等地，成为当时最受欢迎的全国性剧种。在此期间，产生了汤显祖、洪昇、孔尚任、李渔等优秀剧作家，他们创作出了很多脍炙人口的优秀戏剧作品，这些戏剧至今仍备受观众的喜爱与追捧。

昆曲的传承

昆曲历史悠久，是中国戏曲史上具有最完整表演体系的剧种。昆曲最大的特点是曲舞与念白，昆曲的唱腔抒情性强，舞蹈动作细腻，由于昆曲念白是从

明 《南都繁会景物图》中昆曲演奏场面

清　张廷彦　《崇庆皇太后万寿庆典图》（局部）　清高宗为皇太后庆寿时的演剧场景

127

昆曲戏服

传统昆曲服饰基本沿袭了明代的风格，以后又吸收清朝服饰特点，同京剧服饰差异不大，服饰在布料选择、图案色彩、刺绣工艺等方面都精雕细琢。

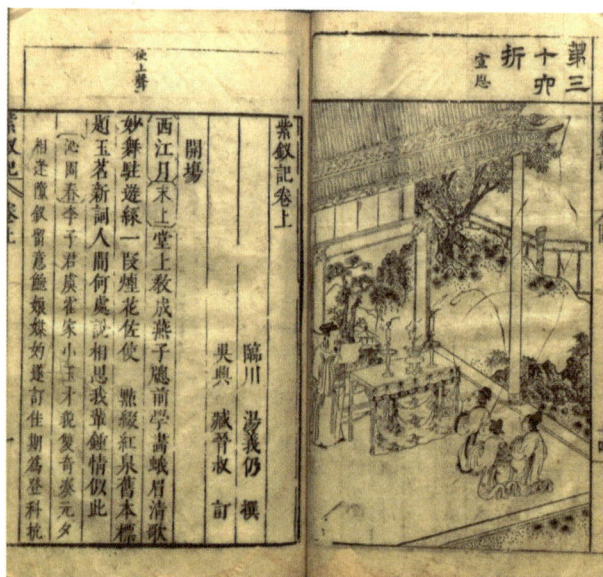

明　汤显祖　昆曲《紫钗记》

《紫钗记》为明朝汤显祖所作昆曲传统剧目。讲述的是霍小玉与书生李益悲欢离合的故事，共五十三出。

128

吴中地区发展而来，所以，又带有吴侬软语的特点。

江南的小桥流水，孕育出婉转动听的吴侬软语，也孕育出轻柔、婉约、细腻的吴越文化。昆曲在这里产生，也在这里发展繁荣。无论是演员清新、淡雅的服装、扮相和动作姿态，还是剧中儒雅、清秀的音乐、唱腔和舞台布景，都体现出昆曲典雅、细腻、婉约的美感，就连它的曲词和念白，也能让人感受到古典文学中雅致又诗意的意境。

正是这些最为吸引人也最受称赞的特征，让昆曲从产生至今，绵延了几百年的时间，也让昆曲成了中国甚至全世界现存的最古老的传统戏剧形态。由于昆曲的唱腔温软华丽，念白儒雅飘逸，布景华美大方，所以，很多剧种都从昆曲中汲取了精华。后来，很多剧种都是在昆剧的基础上发展起来的，昆曲享有"中国戏曲之母"的美誉。

此外，昆曲还促进了传统文学的发展，汤显祖的《牡丹亭》《南柯记》《紫钗记》《邯郸记》，李渔的《风筝误》，洪昇的《长生殿》，高濂的《玉簪记》，王世贞的《鸣凤记》，沈璟的《义侠记》，朱素臣的《十五贯》，孔尚任的《桃花扇》，还有著名的折子戏《游园惊梦》《阳关》《思凡》《断桥》《三醉》《秋江》等，其如椽之笔都堪称上佳。

2001年，联合国教科文组织宣布昆曲是"人类口头和非物质遗产代表作"，2006年，昆曲被列入我国第一批非物质文化遗产名录。它作为我国戏曲史上基础深厚、艺术水平高超、表演体系最完整的剧种，有着极其深厚的群众影响力。其悠久的历史、精致的形式和丰富的内涵，让它在我国文学、戏曲、音乐、舞蹈史上都占有重要的地位。

昆曲是我们传统文化的结晶，也是戏曲表演的典范，更是我国传统艺术宝库中不可多得的古老珍品，值得我们在未来进行更加深入的保护、传承与发扬。

第五章

曲艺

苏州评弹——吴侬软语间的"说噱弹唱"

苏州评弹，通常被视为苏州评话和苏州弹词的总称，这是一种用苏州方言演唱、用吴语徒口讲演的传统曲艺说书戏剧形式。苏州评弹历史悠久，明末清初，随着城市经济的繁荣发展，便已在苏州盛行，然后一直流传至今。

苏州评弹的故乡

提起苏州评弹，那就不得不提苏州。自古以来，苏州就有着"人间天堂"的美誉，它始建于前 514 年，古时称吴都、会稽、平江、吴州、姑苏等，隋朝建立后，因城西有姑苏山的缘故，更名为苏州。苏州作为我国首批历史文化名城，距今已有两千五百多年的历史。

古时的苏州是文人在诗歌中频繁提及的一座城，唐朝诗人张继曾在《枫桥夜泊》一诗中写道"姑苏城外寒山寺，夜半钟声到客船"；明朝唐寅曾在《把酒对月歌》中写道"姑苏城外一茅屋，万树桃花月满天"。

被无数诗人写进诗里的姑苏城，文化底蕴可以说是极为深厚。苏州曾是吴国的都城，是吴文化的重要发祥地之一，这里保留了许多关于西施、伍子胥的古迹。此外，苏州也有"中国园林之城"的美誉，中国四大名园中，苏州就占两席——苏州拙政园、留园。

正是在这样一座富有文化气息的江南水乡中，才孕育出了极具地方特色的吴侬软语，也产生了说噱弹唱的苏州评弹。

盛行于清初的评弹艺术

关于"评弹"二字的记载，始见于明朝嘉靖二十六年（1547年）田汝城的《西湖游览志余》一书，其中记载着杭州八月观潮的盛况："其时优人百戏，击球、关扑、渔鼓、弹词，声音鼎沸。"

明末清初时期，评弹艺术开始在苏州盛行。到清乾隆年间，关于苏州评弹的记载日益增多，苏州评弹迅速发展，上演书目、流派唱腔和技巧思路都拓展了不少，这为后来苏州评弹的发展打开了局面。但要说苏州评弹真正迎来大发展，还是在清朝后期。

道光、咸丰年间，王韬在《瀛壖杂志》中曾记载当时苏州评弹的盛况，女子演唱"其声如百转春莺，醉心荡魄，曲终人远，犹觉余音绕梁"，因而"每一登场，满座倾倒"。

到了中华民国时期，苏州评弹的从艺人员激增，竞争激烈，随着女子弹词的重新兴起，双档成为当时主要的演出形式。这一时期流派纷呈，演出形式更为新颖，如此发展繁衍，形成了苏州评弹千姿百态的兴旺景象。

苏州评弹曲目众多，有讲历史故事的《西汉》《三国》，也有讲英雄侠客的《水浒》《七侠五义》，还有神怪故事和公案书，如《封神榜》《济公传》

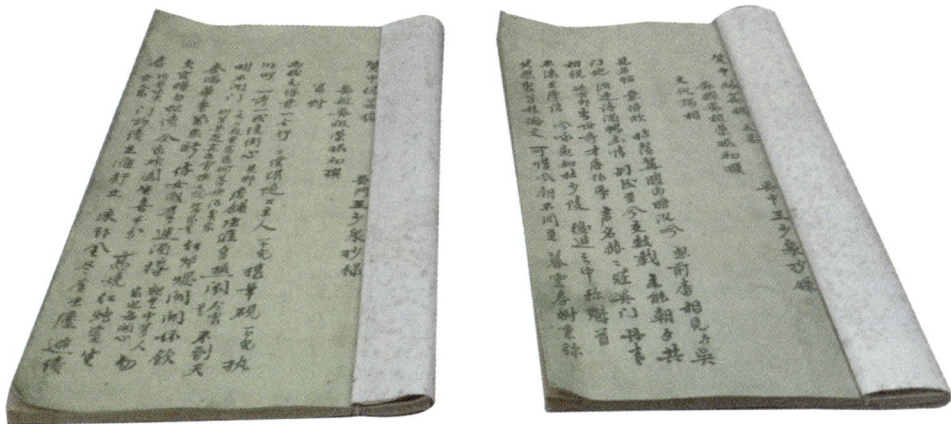

王少泉抄录弹词脚本　《笑中缘》　苏州评弹博物馆藏

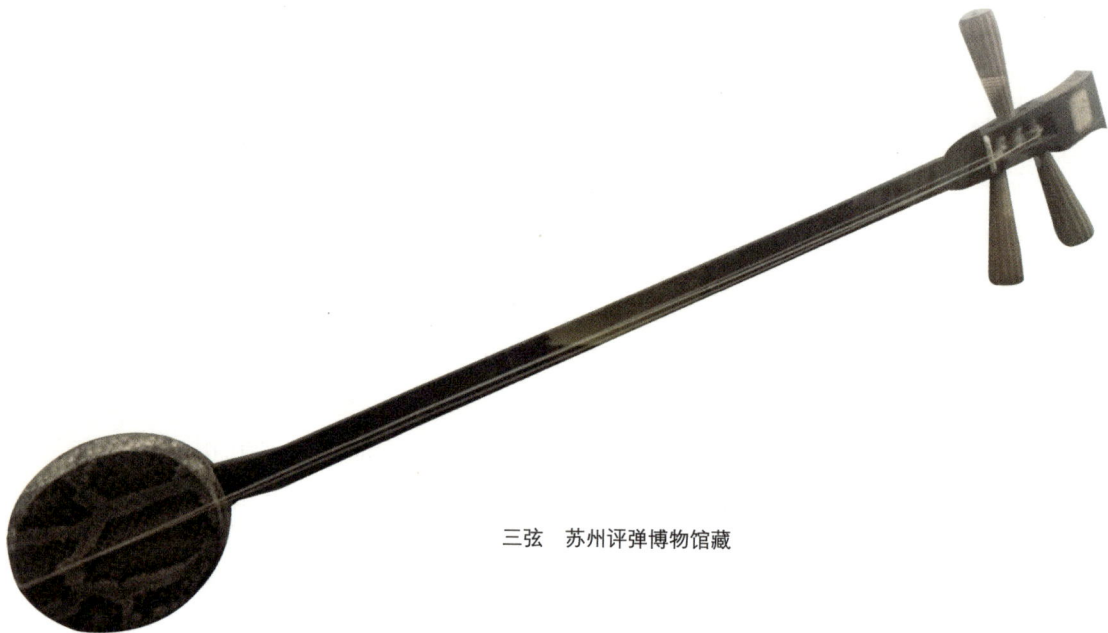

三弦　苏州评弹博物馆藏

等。中华人民共和国成立之后，评弹艺人自觉整旧创新，新剧目不断涌现，如《新儿女英雄传》《苦菜花》《红岩》等，在新时期备受关注，表演场次也最为众多。

"说噱弹唱"

苏州评弹的技艺发达，艺术传统极其深厚，十分讲究"说噱弹唱"。

"说"指叙说故事，手段最为多样，并在长期的表演中，形成功能各不相同的说表手法与技巧，既可表现人物的思想活动、内心独白和相互间的对话，又可以说书人的口吻进行叙述、解释和评议。

"噱"指"放噱"，即逗人发笑，苏州评弹很注重噱，有"噱乃书中之宝"的说法。"噱"既有根据人物性格和情节矛盾展开所产生的喜剧因素，又有通过比喻、衬托、借喻等手段，用只言片语来引起听众的笑声的方式。

"弹"是指使用三弦或琵琶进行伴奏，既可自弹自唱，又可相互伴奏和烘托。

"唱"是为演唱。

"说噱弹唱"的艺术形式，让苏州评弹变得生动多样起来，再加上其以苏州方言进行表演，娓娓道来，显得更加温婉动听。苏州方言便是吴侬软语，它语音清和优雅，平上去入，清浊对立，流畅自然，女子讲来具有独特的柔美灵秀气质，男子讲来颇有儒雅倜傥的风采。苏州评弹以吴音演唱，更显得轻清柔缓，抑扬顿挫，弦琶琮铮，十分悦耳，这也是苏州评弹广受人们喜爱的重要原因之一。

可惜的是，近些年来，随着新兴娱乐文化产业的不断革新与发展，苏州评弹听众锐减，茶馆书场萎缩，艺人大量流失，传统曲艺陷入困境。现如今，大部分年轻人都不再愿意了解、学习苏州评弹，就连其最具特色的吴侬软语也在逐渐消失。

随着非物质文化遗产保护工作的深入开展，包括苏州评弹在内的传统文化，得到了政府的大力关注和扶持，重获发展机会。苏州评弹已于 2006 年被列入第一批国家级非物质文化遗产名录，将观摩、兴趣小组的宣传工作，以及代表性传承人的培养工作，都已纳入保护工作的主要规划中。在人们的共同努力下，相信苏州评弹必然会重现辉煌。

山东琴书——价值独特的"琴筝清曲"

　　山东琴书，又称为"唱扬琴""山东扬琴""改良扬琴"，20世纪30年代正式更名为"山东琴书"，是我国山东省极为重要的地方曲艺品种。山东琴书的前身名为"小曲儿"，又名"琴筝清曲"，于明代中期在曹州（今山东菏泽）一带诞生，迄今已有二百余年的历史。

琴筝清曲起于明

　　按照明朝年间编修的《郓城县志》中"琴曲始出于书香之家"的说法，可知琴书这一曲艺艺术，在明朝中期就已经在山东这片土地上生根发芽了。

　　从《郓城县志》的记载中不难看出，琴筝清曲最初只流行于"书香之家"，也就是一些文人雅士的圈子。那时，通晓音律的文人雅客和士绅名流自己编写唱词，将单个曲牌连缀，用古筝古琴自弹自唱，以达到自娱自乐的目的。如当时较为风靡的《白蛇传》《秋江》等曲，其唱词文雅，文学性也很强。

　　不久，"琴筝清曲"这种艺术形式，便突破了文人圈子，渐渐被普通民众了解和喜爱，在当地农民中开始流传，变成农闲或者节庆聚会时的"庄家耍"或"玩局"。由于这一时期农民只是做业余演唱，所以，至清末的二百余年间，山东琴书都没有得到多大发展。

　　到了光绪年间，山东一带闹起了灾荒，农民无法从土地上获得收入，于是那些擅长表演小曲子的艺人只能来到城市以卖艺为生。从这以后，山东琴书逐渐转为职业演唱，由于演唱性质的改变，演唱内容、演唱形式和音乐唱腔也都随之发生了变化。演唱艺人创编了一批适应群众口味的新节目，将原来的古琴和古筝伴奏，改为扬琴、古筝、琵琶、四胡、碟子等多重乐器伴奏，唱词也变得更加通俗易懂，演唱风格则由原来的柔美细腻变得质朴活泼，山东琴书也就此成形。

清末民初，山东琴书的发展进入了鼎盛时期，一时间名家涌现，贺金城、贺金柱、张建亭等人就是当时有名的山东琴书大家。

自成一派的山东琴书

山东琴书早期的表演形式为分角坐唱，表演者需要 4 ~ 7 人。进入 21 世纪后，山东琴书的演出形式有所变化，表演者一般为 2 ~ 5 人，他们既要演角色，又要演奏乐器。表演者需要端坐于戏台之上，仪态端庄，目不斜视，十分讲究稳重大方的台风。

山东琴书故事情节的表达和人物形象的刻画，全部依靠唱腔的变化和伴奏的配合。表演中所用的语言为山东方言，内容都是极具生活味的俗言俗语，比喻巧妙，韵味生动，体现着不同区域的语言习惯，是研究山东方言发展和变迁的一个重要途径。

山东琴书为民间小曲联唱体，共有小曲 200 多个，在发展最盛时曲牌能达到 300 余个。自发展为琴书说唱后，人们使用的曲调就日益集中了，最常见的当属上合调、凤阳歌、叠断桥、汉口垛、垛子板、梅花落这"老六门主曲"。

山东琴书的传承

山东琴书在发展过程中，主要发展出了三路流传方向。一是最早流行于鲁西南地区的南路，这里以茹兴礼创造的"茹派"最具代表性，这一派系演唱时，唱腔深沉，咬字清晰，不用花腔，表演的内容多是愤世作品；二是以济南为中心，流传于鲁西北的北路，琴书演员邓九如创立的"邓派"，这一派十分善用方言和俚语，质朴的语言中包含着独特的幽默和韵味；三是以广饶、博兴为中心，流传于胶东地区的东路，商业兴夫妇创立的"商派"，这一派琴书最显著的特点便是唱腔优美动听，富有变化。

另外，山东琴书内容丰富，既有口口相传、描写人们现实生活的民间故事，如《许郎抱鸡》《洗衣记》等，又有取材于传统文学作品的《水漫金山》《梁祝下山》《后娘打孩子》等。中华人民共和国成立后，还创造出许多贴近生活，如赞美劳动人民的《老王卖瓜》《大林还家》《姑娘的心愿》等优秀作品。以上这些作品都广受观众的喜爱。

2006 年，山东省申报的"山东琴书"经国务院批准列入第一批国家级非物质文化遗产名录。作为中华民族传统艺术的分支，山东琴书文化底蕴丰厚，不仅囊括着千百年来的历史变迁和悲欢离合，更记载着人民大众的日常生活和民风民俗，是一种艺术价值和历史文化价值都很独特的说唱艺术，对其他艺术的产生和发展也产生了深远的影响，希望这项艺术能够得到大力传承和保护。

新疆曲子——传唱各民族的道德教化

新疆曲子，又称为小曲子，是汉族、哈萨克族、回族等民族共创共演的一种曲艺形式，早期流传于陕西、宁夏、甘肃、青海一带，如今，新疆曲子在新疆地区流传较为广泛，其中，在乌鲁木齐、石河子、沙湾、哈密等地区演出活动较多，甚至当地一些维吾尔族人民都能演唱。

曲子的故乡

新疆维吾尔自治区位于我国西北地区，是我国五个少数民族自治区之一，也是我国陆地面积最大的省份。新疆处在亚欧大陆腹地，与周边八国接壤，它是我国古代丝绸之路的重要通道，更是第二座"亚欧大陆桥"的必经之地。

这里地形结构复杂，北部是阿尔泰山，南部是昆仑山脉，中间的天山将新疆分成南北两部分，南边是塔里木盆地，北边是准噶尔盆地，山脉和盆地相间排列，形成"三山夹二盆"的奇特地势。新疆有众多积雪和冰川汇集成的河流，有我国最大的沙漠塔克拉玛干沙漠，也有着郁郁葱葱的原始森林。新疆矿产资源和土地资源都很丰富，珍稀动植物品种众多，深居内陆的气候条件让其部分地区形成"早穿皮袄午穿纱，围着火炉吃西瓜"的奇妙景象。

广阔而复杂的地势，让新疆自古以来就是一个多民族聚居地。这里光世居民族就有13个，其中，汉族、回族、维吾尔族、哈萨克族、锡伯族、蒙古族、俄罗斯族等，都是祖祖辈辈生活在这里的民族。众多民族的民俗、文化、艺术在这里相互影响、相互融合，也形成了独具新疆特色的文化艺术形式，新疆曲子就是由各民族特色凝聚而成的典型曲艺代表。

随着丝绸之路沿线城市交流逐渐频繁，大批民众来到新疆，这不仅带动了新疆经济的繁荣发展，也将各地的民俗、文化、艺术带到这里，产生了由汉族、回族、锡伯族等各族人民共同创作和演艺的新疆曲子。

民间小戏——曲子剧

曲子剧是一种广泛流传于陕西、甘肃、宁夏、青海一带的民间小戏，最早的曲子班社为明朝万历年间甘肃清水县的元门乡曲子班。随着丝绸之路的开辟，曲子剧这一曲艺形式传入了新疆地区，成为当地独具特色的地方剧种。

并没有相关史料可以考证新疆曲子究竟形成于何时，但根据曲子艺人传说可知，清朝咸丰初年，陕西、甘肃、宁夏、青海等地的移民大量涌入了新疆地区，与此同时，他们也将曲子剧带到了这里。曲子剧传入后，与新疆当地的曲艺艺术融合后，逐渐形成了新疆曲子这一曲艺形式。

新疆曲子戏早期的表演是具有业余性质的自乐班（也称"座台子"），一般在集市或庙会上演出。直到20世纪30年代，新疆曲子才开始走上职业演出之路，由此才扩大了它的影响。

1958年，新疆地区成立了新疆曲子的第一个国营专业剧团，即昌吉回族自治州新疆曲子剧团，并正式将该剧种定名为"新疆曲子"。

新疆曲子的传承

新疆曲子最初是用陕西话和甘肃话演唱的，后来为了和其他地方的曲子区分，这才有了这种曲艺必须用新疆方言念白以凸显地域特色的规定，并最终形成了独特的艺术形式。

新疆曲子的剧本往往短小精炼，角色较少，既可以在舞台上演出，又可以在乡村地头走着唱、坐着唱。演唱时，一般是多人分别拿着二胡、三弦、碰铃等乐器自行伴奏，轮流演唱，不仅有像《天官赐福》《八洞神仙》这样内容优雅正统、富有讽刺意味的雅曲子，也有像《燕青打擂》《俩亲家打架》这种幽默风趣、诙谐逗乐的俗曲子，这些剧目都受到了各族人民的喜爱和欢迎。

在长期的传承和发展过程中，新疆曲子博采众长，除了陕西曲子、兰州鼓子、青海平弦这些主要艺术形式之外，它还吸收了西宁俗曲、河州小调、苏北民歌、东北秧歌、回族花儿等多种曲调艺术的元素，是多民族艺术的结晶，对流行地各民族传统文化的传承以及伦理道德的教化，均发挥了重要的作用。

新疆曲子的存在，不但丰富了人民群众的艺术文化生活，而且有力地证明了新疆是多个民族共同努力开发建设的，其丰富多样的艺术文化也是各族人民共同创造的。新疆曲子对增强民族认同感、凝聚力和维护民族团结均有着重要的意义，是我国当之无愧的国家级非物质文化遗产。

陕西快板——轻快激昂的关中娱乐

快板，早年又被称为"数来宝""顺口溜""练嘴子"，它是在宋代贫民演唱的莲花落基础上发展演变而成的，属于韵诵类的曲种，也是我国民间传统的说唱艺术。陕西快板是众多快板中的一种，以关中方言为标准语言，主要分布在陕西关中地区，并向陕北、陕南以及整个西北地区辐射。

快板与陕西快板

快板这项曲艺形式历史悠久，最初是乞丐沿街乞讨时所使用的一种要饭、要钱的方式，后来演变成为街边的卖艺方式。中华民国时期的《北平指南》中曾记载："天桥等处很多，有依此卖艺、设场的演述者。"不过，因为其言语粗俗，不太容易招来观众，所以挣钱也不多，而且很少有人愿意把场地租给"数来宝"艺人，艺人们只能看见哪里有空地，就在哪里说。

中华人民共和国成立后，快板艺术得到了极大的发展。这时，以高凤山为代表的高派，以王凤山为代表的王派，还有以李润杰为代表的李派，形成了全国闻名的快板三大艺术流派。这项传统曲艺也终于能登台演出，并且受到了人民群众广泛的喜爱。

快板的表演形式很简单，演员通常双手分别拿着两块由瓦片形状的竹板串联制成的板子，用它们击打节奏，表演说理性或者抒情性极强的短篇节目，有单口、对口、群口三种表演方式，唱词很注重合辙押韵，但是，转韵相对自由，具有极大的即兴发挥性。

很快，快板艺术遍及我国大江南北，但也在不同时期和不同地域，生成了方言和风格不尽相同的很多分支，例如，数来宝、莲花落、竹板书、说鼓子、天津快板、兰州快板、四川金钱板等，其中，陕西快板属于很有特点的地方快板形式。

陕西快板作为快板的一个分支，兴起于20世纪50年代，起源于陕西关中一带，是在秦腔剧种"数板"的基础上，又吸收山东快书、练嘴子、快板书等表演形式发展而成的。它使用的主要击打乐器是七块板和四叶瓦，尤其是四叶瓦的独特打法被看作陕西快板的标志和绝技。

陕西快板的特色

陕西快板表演形式可分为单口、对口、群口等，大都乡音醇厚、高亢激昂，通过按节奏打板表奏的方式进行表演，中间有时会增加"解说"或散文体"道白"。其说唱句式多为七字句，像古代民间诗体和戏词一样讲究韵脚，读起来朗朗上口，合辙合韵，字正腔圆，入耳中听，是当地群众喜闻乐见的曲艺娱乐形式。

以关中方言演说是陕西快板的另一显著特点，其主要以说为主，中间加上解说或者散文体的道白。亲切的乡音，搭配上表演者高亢兴奋的情绪，形成了陕西快板节奏明快、幽默风趣的特点。它的题材较为广泛，有些是表现人民大众日常生活的，也有些是用谐谑的口吻揭露旧社会黑暗的。

快板

快板是一种传统说唱艺术，属于中国曲艺韵诵类曲种，从宋代贫民演唱的"莲花落"演变发展而成。

陕西快板的传承

陕西快板在当地民间流传极为广泛，快板艺人几乎村村都有。早在中华民国时期，就有王老九、谢茂恭等人编写陕西快板，主要以反映劳动人民疾苦、揭露当时社会黑暗为主要内容，代表作品主要有《洋烟歌》《拉壮丁》《南山背粮》等。

中华人民共和国成立后，又涌现出了杨宽心、刘志鹏等快板艺人。杨宽心是第一位陕西快板的专业演员，刘志鹏又结合山东快书创出陕西快书，将陕西快板推向了新的发展阶段。在他们的影响下，又涌现出了刘文龙、董怀义、刘新民、赵静波等优秀的陕西快板演员，他们多次在全国曲艺汇演和大赛中获奖，将陕西快板这种特色鲜明的地方曲艺形式，带到了全国观众的面前。《遇乡党》《戒酒》《孙悟空三打白骨精》等曲目短小精练，善用比兴手法，妙趣横生，朗朗上口，是陕西快板的经典剧目。

2007年，陕西省曲艺协会成立了陕西快板艺术委员会。2021年，陕西快板被列入我国国家级非物质文化遗产代表性项目名录，这对推动、发展和传承陕西快板有着重要意义，陕西快板艺人也会努力创作出更多内容、形式俱佳的艺术作品，为我国曲艺艺术贡献力量。

南音说唱——茶楼里的南方音韵

这里的说唱并非现代的饶舌音乐，而是一种历史悠久的传统曲艺形式。说唱曲艺主要以叙述作为表现形式，有着含蓄、婉转、优美的特点，其中，最具代表性的当属在广东、香港等地流传甚广的南音说唱。

茶楼中的南国音韵

我国民间的说唱内容多取材于戏剧、小说、演义、历史故事、民间故事和民间生活等，是一种音乐、文学和表演相结合的综合艺术形式。不少学者认为，战国时期荀子所著的《成相篇》，词句排列整齐，有一定的换韵规律，也有类似弹词、莲花落文体的样式，是我国最早的说唱音乐形式。

到了唐代，城市繁荣发展，市民阶层扩大，曲艺得到较好的发展，寺院里内容通俗、句式固定、平仄不严、用韵较宽的"变文讲唱"标志着说唱音乐的正式形成。

宋、金时期，产生了说唱艺人专门卖艺的场所——勾栏瓦肆，还有专门的文人为他们书写唱词。这一时期，说唱曲艺的典型代表有鼓子词、诸宫调、唱赚、陶真、涯词等。元、明时期，说唱音乐的代表主要是元杂剧中的词话，以及陶真和弹词。清朝时，南方弹词和北方大鼓逐渐发展成熟，成为当时备受民众喜爱的说唱艺术。

中国幅员辽阔，不同地区和民族的方言、民俗和文化也不相同，在此基础上形成的说唱音乐，在曲调、内容、形式上也具有浓郁的地方色彩。其中南音说唱，就是我国说唱音乐中极具代表性的曲艺。

茶楼、茶馆是南音说唱的主要演出场所，那时茶楼老板为了招揽生意，争

南宋　佚名　《打花鼓图》

图中人物衣纹细劲流利，神情动态刻画恰到好处，为杂剧史珍贵的形象资料。

南宋　佚名　《卖眼药图》

该图描绘了宋代戏剧中的副净、副末在表演时的一个瞬间。

相邀请南音说唱艺人前来演唱，还培养了一批瞽师和女伶，曲乐歌坛也渐渐形成，是当时粤港澳大街小巷的流行音乐。现在，在澳门的茶楼中也能见到南音说唱的表演。

南音说唱

南音说唱，也可称之为"南音"，主要在我国的珠江三角洲地区及香港、澳门一带流行，是用广东白话进行表演的一种说唱音乐。

关于南音说唱的历史，最晚可追溯到清朝中期。根据一些史书的记载，明朝时期的广东地区出现了一些使用粤语的说唱形式，被称为"龙舟"或"木鱼"。一直到清朝中期才在龙舟和木鱼的基础上，发展成南音说唱。

起初，南音的演出主要在酒楼、街头、妓院等场所，演唱者多为失明艺人，也称瞽师、瞽姬或师娘。这时的南音说唱有一个独特的称呼——地水南音。说起地水南音这一名称的来源，据说是因为广东将盲人称为"阿水"，所以由盲人表演的南音说唱名叫"地水南音"。

清朝末年，地水南音逐渐与粤剧、粤曲音乐相融合，演变成"戏台南音"和"粤曲南音"。传统的地水南音，基本上在20世纪70年代就已成千古绝唱，而戏台南音和粤曲南音则一直流传至今。

南音说唱传承

南音说唱表演形式多为一人弹唱，主要弹奏秦筝、椰胡、三弦等传统乐器，唱说内容是情节丰富的长篇故事。表演者需要分饰多角，既是故事的讲述者，也是故事中人物的扮演者，将说、唱、演集合在一起，曲艺特点鲜明。后来，南音说唱也出现了对唱或者集体演唱的情形，多以演唱唱段为主，并加入了扬琴、拍板、洞箫等乐器伴奏。

"凉风有信，秋月无边。睇我思娇情绪好比度日如年。

小生系缪姓乃是莲仙字，为忆多情嘅歌女呀叫作麦氏秋娟。见佢声色以共性情人赞美，佢更兼才貌仲的确两相全。"

以上这段就是南音说唱经典曲目《客途秋恨》中的唱词，在现在的电影、电视剧中也多有引用和改编。从这首作品中，可以看出南音说唱的音乐性很强，句格和声韵要求严格，内容的文字量很大，有着较多念白和优美婉转的旋律表达。

南音说唱兼具叙事性和抒情性，也体现着音乐性和文学性，往往向观众传递出深情、哀婉、伤春怨梦的情绪。不管是语言、音韵，还是唱腔、形式，它都带有浓厚的南国地方色彩和曲艺特点，《叹五更》《忆往》《霸王别姬》等作品也是南音说唱的典型代表。

1999年澳门回归之后，党中央和澳门特区政府十分重视澳门地区文化遗产的保护工作，对已经逐渐衰落的南音说唱给予了重点关注和保护。2006年，南音获准列入我国国家级非物质文化遗产名录，这项传统曲艺形式正亟待我们的扶持和传承。

常德丝弦——来自"世外桃源"的优雅唱词

丝弦，是我国民间传统曲艺，因为多用扬琴、琵琶、月琴、三弦、二胡、京胡等丝弦乐器伴奏而得名。丝弦在我国分布广泛，有南方丝弦和北方丝弦之分，北方丝弦又称为弦索腔、弦子腔，主要流行于河北省的中南部；南方丝弦则以湖南常德的丝弦最具代表性。

说与唱的艺术

常德丝弦是湖南丝弦的主要分支，使用常德方言进行演唱，主要流传于湖南常德沅江、澧水一带，也有"老丝弦""丝弦戏"之称，是一种以唱为主、以说为辅、说唱结合的艺术形式。

常德丝弦可以分为牌子丝弦、板子丝弦和过场音乐三类。牌子丝弦是常德丝弦中特别常用的一种，其曲调大多来源于民间流传的民歌和小调，是演唱大型曲目不可或缺的音乐，包括"老路"和"川路"两种声腔；板子丝弦是从说唱音乐中发展而来的，它的演唱基本上不受曲牌的限制，极具表现力，能够充分表达剧中人物的思想情感。

过场音乐也属于常德丝弦的一个重要组成部分，又可分为大过门、半过门和小过门。大过门俗称"打闹台"，在进行表演时作为前奏音乐，用来渲染现场气氛，便于观戏的人尽快进入情境中；半过门也称"半引子"，通常用于曲目演唱之前，作为唱腔音调、速度、情绪的先导；小过门是用于句与句之间的音乐，又称"句间过门"，有着承上启下的作用。

常德不止有丝弦

常德，古称武陵、朗州，位于洞庭湖西侧，武陵山脚下，由沅水、澧水冲击形成的平原上，因为其重要的地理位置，被称为"川黔咽喉，云贵门户"。常德自古以来歌舞之风盛行，名人雅士在这里相聚，有着深厚的文化底蕴，是湘楚文化的重要发源地之一，享有"文物之邦""人文渊薮"的美誉。刘海砍樵、孟姜女哭长城等历史传说故事，都能在这里找到踪迹，当然，最著名的还是晋朝陶渊明笔下的《桃花源记》。

《桃花源记》借武陵渔人的行踪，把大家带到了安宁、和乐、自由、幸福的世外桃源，描绘出一幅理想生活的画卷，也吸引了众多后世的学者和文人到常德寻踪、拜访。如唐代的刘禹锡，宋代的苏轼等文人雅士经常会聚于桃花源，他们的诗文很接近常德丝弦的唱词，因此，常德丝弦艺术家们认为《桃花源记》为常德丝弦早期唱词提供了雏形。

宋元时期，常德进一步发展繁荣，各地商贾云集，不少江浙乐师和歌女也来到这里，江南地区的时令小曲和各地的民间艺术，与本地艺术形式相结合，逐渐形成了常德丝弦这一独特的地方曲种。

清朝中期，常德丝弦从文人自娱自乐的艺术活动，走向了大众市场，这一时期，还出现了丝弦班社，并盛极一时。到了清末时，这里已经产生了刻印唱本的作坊一条街，可见，常德丝弦在当时已经风靡大街小巷。

常德丝弦的传承

常德丝弦的表演形式极为多样，既可以单人演唱，又可以双人、多人演唱，走着唱、坐着唱、舞着唱、演着唱均可，但不管是哪种形式，乐器的位置基本都要遵循"扬琴对鼓板，京胡对二胡，三弦对琵琶"的规则。

此外，常德丝弦的唱腔音乐也非常丰富，有使用南北各地民间小调、曲种、民歌的曲牌体，也有不受曲调限制，具备戏曲音乐特色的板腔体，还能两种混合使用，这让常德丝弦的观赏性和艺术性更强，也更受观众喜爱。

常德丝弦现有一百多个传统剧目，大都取材于历史故事和民间传说，既有

《西厢记》《秦香莲》《二度梅》等长篇传奇故事，又有《秋江》《追韩信》《徐策跑城》《四季相思》等短小精炼的剧目；既有著名的《宝玉哭灵》《鲁智深醉打山门》《王婆骂鸡》《昭君出塞》等传统剧目，又有《新事多》《夸货郎》《风雪探亲人》等反映现实生活的新剧目。这些作品都兼具叙事性、抒情性和故事性，十分吸引人。

来自"世外桃源"的常德丝弦有着鲜明的地方特色和乡土气息，它不只是我国民间文化艺术的体现，还具有较高的艺术价值和研究价值。经过长时间的积累与发展，常德丝弦凭借典雅的唱词，优美的曲调，丰富的乐器，多样的唱腔，获得了来自古今中外观众的广泛认可，是我国宝贵的非物质文化遗产之一。

杭州评词——一人多角的精湛"演技"

杭州评词，又称"小书""文书"，它是用杭州方言演唱的一种说唱曲艺形式，主要在浙江杭州及其周边地区流行，是我国宝贵的非物质文化遗产之一。

杭州评词历史悠久

根据明代杭州人田汝城在《西湖游览志余》中的记载："其时优人百戏：击球、关扑、渔鼓、弹词，声音鼎沸。"现在一般认为，杭州评词是在明代弹词的基础上发展、演变而来的，清朝初年称为"文书"。

清朝乾隆年间，杭州已经出现朱宝荣等评词艺人；到嘉庆、咸丰年间，评词开始呈现出兴旺的态势；再到同治、光绪年间，杭州评词进入鼎盛时期。那时，评词艺人的演出活动频繁，演唱形式和演唱内容更加贴近生活，形成了诸多演唱流派，深受观众们的喜爱。

中华民国时期，杭州评词艺人成立了"评词普育社"和"评词广裕社"两个行会组织，二者相互竞争，相互促进，有力推动了杭州评词的发展，"碧雅轩""海月楼""凤山""悦楼"等茶馆书场，是当时杭州城内规模和影响力较大的演出场所。后来，行会组织解体，评词艺人纷纷加入了1945年成立的"评话温古社"，这个社团一直延续到中华人民共和国成立后"杭州曲艺团"成立，来锦贤、胡正华、金荣堂、郭月英等评词艺人都是杭州曲艺团的演员。

一人台上表演忙

杭州评词的表演形式，主要以一人的说、表、拉、唱为主，表演者既要负责道白、叙述和演唱，又要自拉二胡伴奏，同时还要灵活运用自身的神态、表情、动作，以及手边的折扇、手帕、醒木等道具来表演剧情和人物。评词艺人经常一人演多角，一会儿扮演书中人物，一会儿又回到唱书人身份，跳进跳出，夹叙夹议，并用不同的表现手法来表演不同的角色，可谓是演技精湛。

因为一人身兼数职的这种表演形式，杭州评词艺人需要一些物品辅助表演，他们把书台、说唱道具等物品，尊称为"八宝"。书台称为"自尊台"，这里指唱书的教化责任，也寓意坐到这里既要尊重自己，也要尊重观众；书台的桌围叫作"遮羞布"，因为艺人不能让观众看到自己的脚；"没二椅"是指台上只有一把座椅，不能随意增加；艺人的茶壶叫作"生机壶"，不仅可以润嗓，还可以掩盖调整剧情或者忘词的尴尬；艺人的乐器是"二胡"，唱演时可随手取用；手帕叫作"没大小"，既可以当作圣旨、告示、书信、锦囊等，又可以当作包脚布比画；醒目叫作"止语木"，可以维持现场安静，也可以当作玉玺、帅印、惊堂木等；折扇叫作"万能扇"，可以代表各种武器，也可以视作将令、旗帜等。

这"八宝"用最简单的物件，在复杂的故事中却有着不同的作用，充分证明了杭州评词艺人绝佳的表现力和创造力，这也是杭州评词广为流传的原因之一。

杭州评词的传承

民国时期，评词艺人的数量与日俱增，很多艺人开始抱团，在杭州逐渐形成了杨、罗、戚三家不同的艺术流派。杨派以评词艺人杨炳坤为首，精于演技，擅长表演长篇武书，表演风格干净利落、风度大方；罗派以评词艺人罗永祥为首，表演风格以细腻著称，不仅善于说表，而且唱腔柔美、委婉，擅于表演《白蛇传》《双珠凤》等文书；戚派以评词艺人戚玉堂为首，擅长说表，而且注重吟唱诗词赋赞，善于表演《乾隆下江南》之类的文书。

杭州评词的曲目主要有两类，一类是短篇唱段，称为"提唐诗"或"开篇"，全部用七字韵文演唱，多数是反映杭州历史文化、风土人情和人文景观的篇章，代表作有《江边老渔翁》《西湖十景》《西厢记》《半字开篇》《滑稽开篇》

清　王原祁　《西湖十景图》

此卷绘『西湖十景』，画面层峦叠嶂，蜿蜒盘结，山上林木繁密，翠岭横坡，山下花团似锦，姹紫嫣红，群山之中，穿插泉、池溪涧，点缀亭榭楼阁，宝塔石窟堤上翠柳低垂，倒映湖面；湖面如镜，轻舟荡漾，美不胜收。

等；另一种是传统长篇书目，称为"正书"，一部书目可唱一到两个月，代表作品有《双珠凤》《珍珠塔》《玉蜻蜓》《白鹤图》等，最精彩的是发生在杭州的《白蛇传》和《青蛇传》。

杭州评词凭借悠久的历史和特别的演出形式、说唱技巧、唱腔和伴奏音乐曲牌等，在中国传统曲艺表演中占有一席之地，但随着时代的发展和社会的变革，曾经兴盛的杭州评词也渐渐衰落，跟其他曲艺形式一样，面临着传承与发展的困境，急需青年人的关注与参与。

青海越弦——自娱助兴两相宜的民间文化

青海越弦，又名越调、背调、月调、曲子、座场眉户等，在河湟谷地的西宁及其下辖的湟源县、湟中区等地最为流行。

从青海走来的越弦曲艺

青海越弦为青海省的传统曲艺之一。青海是位于我国西北的内陆省份，与甘肃、新疆、西藏、四川相邻。这里属于青藏高原地区，西部海拔高耸，东部地形复杂，整体呈现出西高东低、南北高中间低的地势。青海境内水天一色、碧波万顷的青海湖，是我国内陆最大的咸水湖，其附近由黄河与湟水流域冲积形成的河湟谷地，是青海省内最重要的农业区，也是人口最为密集、经济最为发达的地区。

河湟谷地水源充沛、光照充足、风光秀美、物产丰富，是古代丝绸之路的必经之处，唐朝的文成公主便是经由这里入藏和亲的。因为其优越的自然环境和地理位置，河湟谷地是黄河流域人类早期的活动地区之一，这里不仅城镇密布、经济繁荣、民族众多，更有着许多文化、宗教古迹，流传着多种歌舞和曲艺形式，青海越弦便是其中一项具有地域特色的传统艺术。

穿越百年的青海越弦

青海越弦的前身是陕西华县（现为华州区）一带的东路曲子，大概在清朝中期传入青海，距今已有两百余年。东路曲子在传入青海后，与当地的民间小调、小曲充分融合，在语言、语调、唱腔、风格等方面，形成了特色鲜明的青海曲种。

郭福堂、张海成作为早期的越弦艺人，为这一曲种的发展和传播做出了杰出贡献。郭福堂本是青海人，后来倾尽家财到陕西学习越弦技艺，返乡后又收徒传艺，使得青海越弦广为流传。张海成则是陕西人，后来到青海谋生，同时也将家乡的曲子带到青海，谋生之余同样收徒传艺，传播越弦技艺。由于二位艺人并非师出同门，所以，二者传授的越弦曲艺也有着明显的区别，因此，产生了南川、北川两大流派。北川风格飒爽直率，南川风格温和委婉，二者虽风格迥异，但都受到当地人的喜爱。

青海越弦是真正植根于民间的传统曲艺，民间艺人是青海越弦的主要演唱者，他们没有固定的班社，也没有明确的章程，其演唱活动有着强烈的业余性和自娱性。越弦的演唱，一般为爱好者互约，可以在自家的庭院炕头，也可以在茶庄、庙会等地进行，也有邀请演唱的情况，在婚丧嫁娶、生子祝寿、乔迁开业等场合，亦能见到青海越弦的表演。

青海越弦的传承

青海越弦的表演方式一般为一人坐姿主唱，偶有说白，手持俗称"水子"的碰玲击打节奏，并有板胡、扬琴、三弦、二胡、梆子等乐器在旁边伴奏。它的唱词往往通俗易懂、生动活泼，十分接近口语，没有咬文嚼字的晦涩内容，但唱段结构要遵循规定的形式，一般是开头使用前岔调，中间使用前北宫调和后北宫调，最后以后岔调结束。现在，人们已知的越弦曲牌有五十多个，多为优美流畅、刚柔并济的曲调，演唱时可以根据所唱内容自由选择，遵循着合辙押韵的格律。

青海越弦所表演的内容十分丰富，主要是以叙述故事为主的短篇唱段，内容取材于唐宋传奇、元杂剧、明清小说和生活故事等，尤其擅长描述人民大众的日常生活。青海越弦的代表曲目众多，但是，大部分都是由陕西传入的，自创的曲目并不多。其中，既有关于历史题材的《伯牙抚琴》《杀狗劝妻》，也有取自《封神演义》《三国演义》的《桃园结义》《黄河阵》等，还有取自《水浒传》的《拳打镇关西》《宋江杀楼》等。在这些曲目中，《亲家母打架》《傻娃卖布》《小姑贤》《烙碗记》《秋莲拾柴》等作品演唱最多，也最具代表性。

青海越弦作为宝贵的民间文化艺术遗产，在音乐、曲词、文学等方面有着较高的研究价值，对当地居民的生活观念、民风民俗、思想道德等方面产生了一定的积极影响。同时，这项传统曲艺为中原文化艺术在西北的传播，以及青海民族、民俗的演变和迁移提供了宝贵的研究资料，更是青藏高原艺术文化的重要体现。

第六章
传统体育、游艺与杂技

吴桥杂技——来自"杂技之乡"的文化传颂

吴桥一带流传着这样的民谣："上至九十九，下至才会走，吴桥耍玩意儿，人人有一手。"吴桥杂技是流传于吴桥一带的民间表演艺术，吴桥是中国杂技的发源地之一，坐落于河北省沧州市，素有"杂技之乡"的称号。

蚩尤之戏

吴桥杂技有着悠久的历史，但关于吴桥杂技的起源，众说纷纭。有人认为，《史记》《汉书》中记载："蚩尤戏"是吴桥杂技的起源。吴桥杂技是一种在古冀州（包括今河北省）一带极为盛行的游戏，参与者通常头戴面具，通过比武、斗力的方式决出胜负。也有人认为，杂技艺术兴起于唐朝年间，原因是唐代流传的锣歌："耍罢一番又一番，唐朝有个花碧莲，午朝门外跑过马，金銮宝殿上刀山，男的耍起大中幡，女的就把腰来弯……"

但是，1958年出土的墓葬壁画证明了吴桥自南北朝时期已有杂技。同年，考古学家还在吴桥县的小马厂村发现了一座南北朝时期东魏北方望族封氏的陵墓，在墓中的壁画上清晰地描绘了蝎子爬、倒立、马术等杂技表演的画面。虽然吴桥杂技的具体起源时间暂不可考，但依据墓葬中的壁画可知，南北朝时期，吴桥地区的杂技艺术已经得到了一定的发展。

吴桥自古以来之所以会和杂技产生如此紧密的联系，是由其地理位置和水文环境决定的。因为吴桥县地处黄河下游，西有大运河，东临四女寺减河，成片的河流占据了大量的土地。而且，为数不多的土地还是盐碱地，土地极为贫瘠。如果再遇战乱、灾荒，百姓生活简直苦不堪言。因此，当地百姓只能打个跟头、变个戏法、耍耍大刀……以卖艺为生，从而产生了杂技，可以说，吴桥不适合农业发展的自然环境，成就了它"杂技之乡"的称号。

人人皆能演

吴桥杂技最初的表演场地是在庙会。从吴桥当地村子的名称就能看出，历史上的吴桥地区应是庙宇众多、庵寺林立，当地以庙宇和庵命名的村子不下十个，以寺命名的村子也有十多个。

杂技为庙会招揽香客，庙会为杂技提供表演场所，两者互相支持，形成了吴桥杂技的传统风格，每当逢年过节、丰收时节和红白喜事，人们就会进行竞技献艺，或头戴猛兽面具，或身穿七彩服装，甚至能通宵演出。

杂技艺人们演出时使用的道具，都是我们生活中常见的生活生产工具或者武术器械，如碗、碟、勺、桌椅、板凳，刀枪棍棒等，表演内容大多来源于当地人们的生活体验，是从生产生活中提炼出来的民俗艺术。

后来，表演场地不再仅仅局限于庙会。无论是田间麦场，还是街头巷尾，都能看到杂技的身影，吴桥人能随时随地翻上几串跟头，叠上几组罗汉，打上几趟拳术，变换几套戏法，不少人可以自由地骑着独轮车走街串巷，学生们放学回家的路上，还要练习杂技的基本功。杂技是吴桥平常百姓家中不可或缺的娱乐形式，即便是几个水果，几个汽水瓶，他们也能玩上半天。由此可见，吴桥人对于杂技有着强烈的热爱，几乎是人人都能表演。

非遗传承

吴桥杂技起源于民间，表现在民间，发展在民间，有着深厚广泛的群众基础，带着浓郁的生产生活气息。在久远的传承过程中，吴桥杂技已经形成了独具民间风格特色的节目内容和表现形式。据统计，其涉及的传统节目主要有肢体技巧、道具技巧、乔装仿生、驯兽、马术、传统魔术、滑稽7大类486个单项。吴桥杂技节目种类多，流布地区广，集中体现了尚武好义、百折不挠的吴桥文化精神，同时兼具燕赵人民吃苦耐劳、勤劳务实、包容创新的独特风骨。这也使得吴桥杂技受到全国杂技界的推崇，其影响远播五洲，广为人们所传颂。

如今，国家对吴桥杂技的保护与传承从未停止，党中央领导多次亲临吴桥，对吴桥杂技艺术给予高度赞扬，并在吴桥创建了国内第一所省属杂技中专学校，举办了以吴桥命名的"中国吴桥国际杂技艺术节"，建立并开放了杂技大世界、杂技博物馆等相关产业，以此大力扶持吴桥杂技发展。2006年5月20日，吴桥杂技被列入我国国家级非物质文化遗产名录。

少林功夫——历代修行的禅宗智慧

少林功夫也称少林武术，是中华武术中最庞大的门派，其武功种类高达700多种。因以禅入武，习武修禅，又可称为"武术禅"，是我国的国家级非物质文化遗产。

源于北魏的少林功夫

少林功夫发端于古代的嵩山少林寺，并因此而得名。嵩山少林寺始建于南北朝时期北魏太和十九年（495年），是孝文帝为安置印度僧人而建的寺庙。少林寺建立后，寺中的僧侣便开始习武，而习武的原因也很现实，就是为了活下去。因为少林寺地处嵩山深处，不仅山势险峻、自然条件恶劣，而且周围还时常有猛兽出没，为了生存，僧侣们必须练就一个强健的体魄。

在隋唐、宋元的战乱年代，这些少林武僧的功夫在战争中发挥了重要的作用。例如，隋末唐初时，隋朝将军王世充在洛阳称帝，派其侄王仁则带兵驻守少林寺所在地域。王仁则来到这里后，作威作福，侵占了少林寺的大量土地。少林武僧僧志操、昙宗等人因不满王仁则的作为，便利用一身功夫生擒王仁则，并将其献给了唐军。这些武僧均得到了李世民的嘉奖。

明朝是少林功夫发展最为辉煌的一个时期。历经四朝的发展，少林功夫在明朝时期终于形成了完整的少林武术体系。不仅如此，少林武僧所演练的武功也是在明朝时期正式定为"少林功夫"。

清朝时期，由于朝廷实行禁教政策，少林功夫也因此受到了压制。但是，少林功夫的发展并没有因此受到制约，武僧的练武活动由公开转为隐蔽，在社会上的声名也更加响亮。

少林功夫有"套路"

关于少林功夫的套路，明朝万历年间的《嵩游记》中有过记载："归观六十僧，以掌搏者、剑者、鞭者、戟者……"从此处的记述可知，少林功夫不仅练拳、练棍，还练剑、练戟、练鞭。时至今日，少林功夫的套路共有700多种，主要分为拳术、棍术、枪术、剑术等类别。

拳术历来被视为武艺之源，少林拳术主要分为罗汉拳、少林五拳、连环拳、六合拳等，有刚中有柔、朴实无华、利于实战的特点。

少林派棍术有着节奏生动、棍法密集、快速勇猛的特点，包括猿猴棍、风火棍、齐眉棍、大杆子等，既能强身健体，又能克敌制胜。

枪被视为古代兵器之王，少林派枪术包括十三枪、本十一名枪、六路花枪等。

剑术有着矫健、豪放、优美的特点，少林派剑术主要包括达摩剑、乾坤剑、太乙剑等。

少林功夫与禅宗智慧

少林功夫是在特定的佛教历史环境中产生的。在过去将近一千五百年的时间里，它从最初保卫寺庙的必要手段，发展成如今套路高达700余种的综合武术体系，这离不开少林寺历代僧人和俗家弟子的共同努力。

少林功夫不仅是我国传统武术中最完整、最权威的体系，也是最具文化底蕴和宗教内涵的传统文化，它以佛教信仰为基础，以禅入武，习武修禅，是佛教禅宗智慧的重要体现。禅宗智慧是少林功夫区别于其他传统武术流派的重要特点。

少林功夫的传承人通常都是少林寺中的僧人，他们信仰禅宗初祖菩提达摩，日常生活受到佛教戒律的约束，例如，不能杀生、不能偷盗、不能邪淫、不能妄语、不能饮酒等，对习武者的道德品行要求较高。因此，少林功夫的习武者性格上往往节制内敛、含蓄谦和，招式也更加讲究内劲和后发制人，这便是禅宗智慧深刻影响的结果。

少林功夫和禅宗智慧基本已经成为一个整体，两者互相影响，互相融合，

清　王翚　《嵩山草堂图》

《嵩山草堂图》为竖幅构图，现藏于上海博物馆。

密不可分。佛教禅宗信仰统摄少林功夫，少林功夫又展现着浓重的宗教信仰，正是这种丰富的文化和精神内涵，奠定了少林功夫在传统武术派系中的绝对地位，也让它能够历经千百年流传下来，至今仍受到大家的热爱与追捧。

近年来，我国佛教信仰整体水平衰落，少林寺的常住僧人越来越少，现代人只知少林功夫，却不知道其中的文化底蕴和禅宗智慧，对少林功夫的传承和保护迫在眉睫。河南省政府对此非常重视，已将少林功夫列入省文化产业的重点工程。不仅规范了少林寺周边的武术学校，还举办了多届世界传统武术节，同时，整理、编纂了各类相关书籍，让更多人可以知晓少林功夫，了解少林功夫，传承少林功夫。

太极拳——刚柔并济的儒道哲学

太极拳，是我国传统武术中不容忽视的派别，也是中华民族的文化瑰宝。它以传统文学中太极、阴阳的哲学理论为核心思想，兼具技击对抗、强身健体和修身养性等多种功能，是一项技法独特、内涵丰富的传统体育运动。

太极流派知多少

太极拳历经漫长的发展，至今已形成了杨氏、武氏、吴氏、孙氏等主要流派，由于这些派别之间往往都存在师承关系，因此，除动作上的差别之外，都保有着太极拳的动作内核与精神内涵。

杨氏太极拳由河北永年人杨露禅所创，杨露禅师承陈氏太极拳传人陈长兴，后因教授的弟子多为生活奢靡、体弱多病的王公贵族，身体素质不佳，于是，杨露禅便在陈氏太极拳的基础上，对其中的一些高难度动作进行改动，形成了一套新的拳法，后被推崇为"杨氏太极拳"。

武氏太极拳由河北永年人武禹襄所创，武禹襄与杨露禅为同乡，师从陈氏太极拳传人陈清平，习得了赵堡太极拳，因学有所成，还获赠了《太极拳谱》。武禹襄返乡后，在赵堡太极拳的基础上，结合《太极拳谱》中的精华，再与自身拳体相结合，创编了一套新型拳术，被后人称为"武氏太极拳"。

吴氏太极拳由全佑所创，全佑师从杨氏太极拳传人杨班侯，后在杨氏太极拳的基础上，对太极拳的招式动作进行了修正。后全佑之子鉴泉对家传的太极拳再次加以修改，形成了架势紧凑、缓慢连绵、独具风格的新拳术，因从汉姓吴，被后人称为"吴氏太极拳"。

孙氏太极拳由河北完县人孙禄堂所创，孙禄堂师从武氏太极拳名家郝为真。

八卦太极符

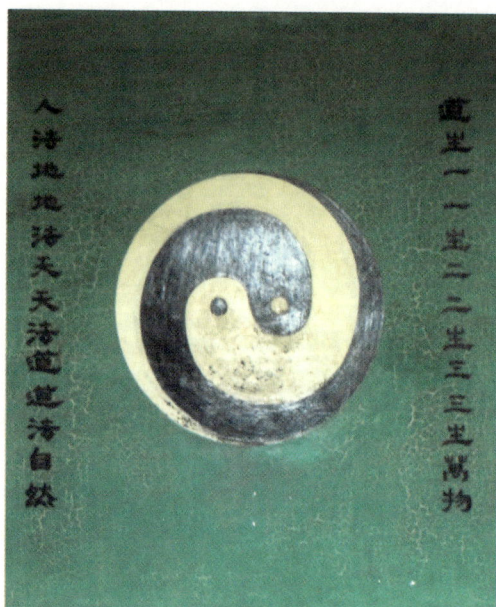

人得地得天天得道道得自然

道生一一生二二生三三生萬物

青羊宫太极图

体育锻炼图

一幅描绘气功太极练习的帛画，1973 年出土于湖南省马王堆汉墓三号墓。

1918年，孙禄堂将太极拳、形意拳、八卦掌三家融合为一，自成一派，人称"孙氏太极拳"。

"易有太极，是生两仪"

太极二字来源于《周易》中的"易有太极，是生两仪"，"太"是大的含义，"极"是指开始或顶点，"太极"被视为是万物的本源，含有至高、至极、绝对、唯一的意思，太极拳便是取了这个含义，经过漫长的发展，形成了如今变幻无穷、延绵不断的独特拳术。

太极拳历史悠久，流派众多，至于究竟是何人在何时所创，至今仍旧没有定论。目前，主要有两种说法流传最广，一种说法是张三丰创建武当派，创造了内家拳，而太极拳作为内家拳之首，将张三丰奉为祖师。另一种说法是太极拳发源于河南陈家沟，是明末清初时期的陈王廷所创。

关于太极拳，有能经得起考证的文字记载，1928年定稿的《清史稿》记载："清中叶，河北有太极拳，云其法出于山西王宗岳……至清末，传习者颇众云。"这说明，河北永年人杨露禅、武禹襄等人所教授的拳术已经被定名为太极拳，所以，太极拳的产生一定早于清朝中期。

太极拳究竟产生于何时、由何人所创虽无法确定，但就目前的研究和史料来看，太极拳不是一朝一夕产生的，而是经过了漫长的发展历程。被载于史册的张三丰、陈王廷、王宗岳、杨禄禅、武禹襄等人都对太极拳的发展有着不可忽视的贡献，这也从侧面证实了太极拳源远流长、博大精深。

刚柔并济的儒道哲学

太极拳是一种带有技击性的拳术运动，它不同于体操、舞蹈等运动形式，其动作本身符合攻防规律，能达到一定的攻防效果。它属于"文拳"，虽然不主张"武"但却能"武"，主张以和为贵，讲究防御为主、攻击为辅、制人而不伤人的武术特性。因此，太极拳多见刚柔并济、粘连黏随、舍己从人的动作，而不是硬打硬抗的激进招式，这也体现出太极拳蕴藏着深厚的儒道哲学观念，

《导引图》复原图

这是一幅引导和指导人们锻炼以改善健康和治疗疼痛的图表，包含动物姿势，如熊邅。这是从马王堆汉墓三号墓（前168年封存）中出土的"导拉图"的重建。

马王堆三号汉墓出土导引图复原图

明　吴伟　《太极图》

作品描绘古树下一仙人笑容可掬，手展太极画卷，人物的表情和姿态妙趣横生。以泼墨法画成，行笔迅疾畅快，水墨淋漓。

对学武者的道德品性要求也很高。

由于长时间受到传统哲学的渗透和影响，太极拳中存在着较强的哲理性和辩证思想，又被誉为"哲拳"。太极离不开阴阳，拳术中上下、里外、大小、快慢、开合、虚实、刚柔等动作原理，都体现出强烈的阴阳调和理念。不同动作间虽有差别，但全都统一在练拳者的心性之下，往往体现出此消彼长、引化合发的协调感。

太极拳讲究八种劲，分别是用于化解及合力发人的"掤"、借力向后牵引的"捋"、对下盘的外劲"挤"、对上盘的反关节拿法"按"、顺力合消对方来力的"采"、以侧面力气破坏对方平衡的"挒"、以肘尖击人的"肘"和以肩膀前后寸劲击人的"靠"。这些动作均体现出太极拳随人而动、以静制动、借力发力、以圆化直、以小胜大、避实就虚、刚柔并济的武道哲学，也包含着"人不犯我，我不犯人""防御为先"的儒家道德品质。

太极拳是集技击、强身、健体、益智、养性为一体的传统运动，它体现着崇德尚武、有礼有节的习武精神，彰显着中华民族生生不息的活力，表达着人民对于和谐发展的追求与愿望，是一种老少皆宜的体育形式。

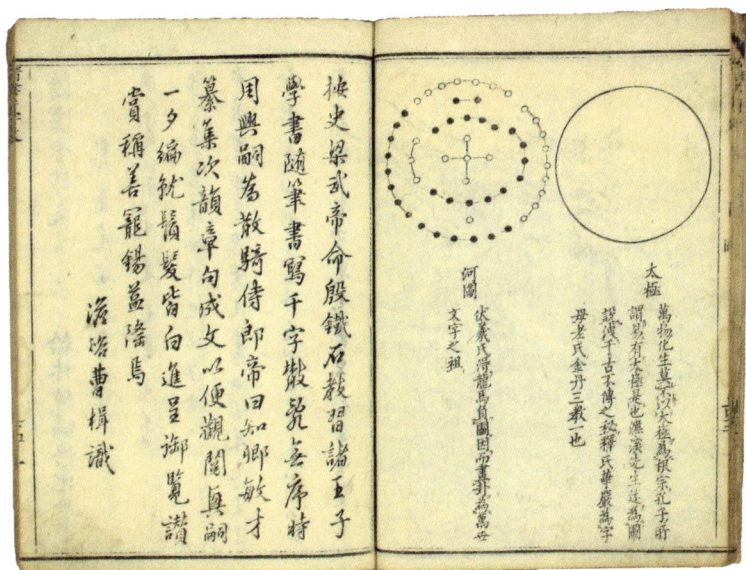

河图太极

175

蒙古族博克——内涵丰富的草原摔跤

蒙古族博克，是流传于蒙古族内的传统体育运动。"博克"一词，在蒙古语中意为摔跤，也有结实、团结、持久的意思，它与赛马、射箭并称为蒙古族"男儿三艺"。蒙古博克于 2006 年被列入了国家级非物质文化遗产名录，当下流行于内蒙古自治区的锡林郭勒盟、通辽市、呼伦贝尔市、巴彦淖尔市、鄂尔多斯市、阿拉善盟等地。

勇士的运动

博克运动的历史极为悠久，据考证，早在西汉初期，盘踞于中原北方的匈奴一族便盛行摔跤。在《1955—1957 年陕西省长安坡西的发掘报告》中描述，在葛贤庄 104 号墓中出土了一个长方形的铜牌，上面的图案正是两个匈奴人在摔跤，摔跤的架势和套路与如今的博克基本无异。据此一般认为，博克这项运动在西汉时期便已盛行，距今已有两千多年的历史。

13 世纪，蒙古族西征时期，博克在政治和军事等方面都曾发挥重要作用，成吉思汗曾将博克作为树立威信、铲除敌人和奸臣的一种方式，并在军中广泛开展。当时，在军中取得博克冠军的人，可以得到"国家勇士"的称号，不仅受人尊敬，还可以被提拔为大汗的贴身护卫。

随着蒙古汗国地位的巩固，博克也成为汗国贵族喜爱的观赏性竞技运动，这在客观上加强了博克与西域、中原等地区摔跤运动的交流活动，推动了博克发展更加完善。

蒙古族入主中原后，蒙古族宫廷体育运动也更加丰富起来，但博克仍旧是其中最为重要的一项，统治者还专门设立了"勇校署"作为专门管理博克运动的机构，使搏克在各阶层都得以推广和普及，走上更加规范化的进程。

　　值得一提的是，不仅蒙古男子钟情于搏克运动，很多蒙古女子也擅长搏克。在《马可·波罗游记》中记载，忽必烈之侄儿海都的女儿艾吉阿姆尤为擅长搏克，她曾用搏克择婿，结果却没有一个蒙古男子能战胜她。

　　明朝建立后，搏克运动也随之跌入了低谷，直到清朝，摔跤作为满族统治者与蒙古贵族的政治、军事交流的媒介，搏克运动才再次发展起来。

搏克竞技

　　蒙古族搏克经过长时间的发展和演变，其内容和形式也发生了很多变化。最初的搏克运动是以生死来定胜负的，后来，逐渐演变为双肩着地或者躯干着地即为失败，当代则是规定膝关节以上任何部位着地就为失败，这样点到为止，更有利于保证参与者的安全。另外，搏克运动也逐渐受到其他地区、民族的影响，产生了传统搏克、厄鲁特搏克等具有不同地域特征的搏克形式，使搏克运动更加丰富多样。

蒙古摔跤手模型

蒙古族搏克的比赛形式古朴而庄重。它的比赛场地往往是一块平整的草地或者土地，伴随着激情豪迈的乌日亚赞歌，报名参赛的运动员不分年龄、民族、地位、身份和运动经历，随机两两成组，进行比赛。

参赛者一般要穿上牛皮或帆布做成的紧身半袖坎肩"卓得戈"，腰间系上红、黄、蓝三色的围裙"策日布格"，下身穿着肥大的裤子"班泽勒"，脚上踩着一双蒙古靴。优胜者的脖颈上还会有五色彩绸制成的项圈"将嘎"，彩条越多，说明他获胜的次数越多。这些独特的民族服饰，不仅为搏克增添了鲜明的民族色彩，也使得这一运动更具观赏性。

搏克运动不仅要求参赛运动员手、腰、腿协调配合，对选手的力量、敏捷度、耐力、速度的要求也非常高。除此之外，搏克中还蕴藏着深厚的体育精神与民族精神。搏克是一项富有挑战性的运动，参与者都是在不断拼搏中成长，没有永远的胜利者，也没有永远的失败者，能充分展现出搏克手勇敢无畏、拼搏奋进、不骄不馁的意志品质和体育精神。同时，搏克比赛虽然激烈，但友好、和谐、欢快的基调，也彰显出人人平等、热爱自然、天人和谐的民族精神。

搏克这项传统体育运动，是蒙古族勇敢和力量的体现，在豪放、粗犷、自由的角逐中，不仅能看出蒙古族人民热情奔放、奋斗不息的性格特征，也能感受到它丰富、厚重的精神文化内涵。现在，搏克不仅是人们喜爱的体育娱乐健身方式，更是我国珍贵的非物质文化遗产，值得我们持续关注、保护与传承。

回族重刀武术——回民刀尖的崇武神韵

回族重刀武术，原名"曹门大刀"，为天津一带著名回族武术世家曹氏所创。回族重刀武术作为天津市回族的传统体育项目，是我国国家级非物质文化遗产之一。

从重刀看重刀武术

重刀，又称为大刀，是我国传统冷兵器的一种，流传至今已经有数千年的历史，它是我国特有的武器样式，外国人将它称为"中国宽剑"。重刀主要由刀头、刀身、护手、刀把、刀穗等部分组成，刀根与刀柄连接处配有刀盘，刀盘贴近刀柄的部位包有20厘米的铜皮，称为"定手"，使用时右手一般不能离开这里。重刀的刀身形制不一，种类众多，如刀身圆若弯月的偃月刀、刀身宽大的宽刃刀等，都是其较为出名的样式。

由于这种兵器刀柄长，分量重，在冷兵器时代的战争中，无论是骑马交战还是步兵对决，都有着较大的杀伤力，所以，对于臂力过人的将领来说，是最趁手的武器。《三国演义》中关羽所使用的便是重刀，据说他的青龙偃月刀足足有82斤，而在唐朝以后，重刀更是成为武状元考试中的主要器械。

大刀的刀法丰富，变化灵活，主要有劈、砍、撩、平斩、反斩、点、抹、挑、挡等招式，因为有比较高的难度，我国练习重刀的人并不多。

天津市回族重刀武术成名于明朝初年，相传，燕王朱棣手下一位回族将领善用60斤重的大刀，该将领一直跟随朱棣南征北战，平定天津后，他也举家迁到了这里，于是便有了津门曹氏大刀这一派别，从此代代相传。

传至清末民初的继承人曹金藻这一代，重刀的分量达到160斤。曹金藻是

那时负有盛名的侠士，他功夫卓越，又时常行侠仗义，与霍元甲并称为"回汉双侠"，受到人们的爱戴与敬重。

曹金藻可以说是"曹氏重刀"真正意义上的创始人，在继承祖先传下来的武术套路的基础上，吸收了封建社会武状元考试的相关科目技艺，将其融进重刀的招式中，形成自成一家的"曹门刀式"，也就是我们所说的回族重刀武术。

而后，曹金藻之子曹克明又在先辈的基础上，自创了"曹门刀式"，并以"弘扬武术，强身爱国"为主旨，成立了"回族大刀花样举重队"，这是天津市第一家回族武馆，回族重刀武术的传承方式也因此由家族继承转为了开放传授。

拳术与刀舞的完美融合

在回族重刀武术的不断发展中，曹金藻先生进一步融合了少林长拳、桩功、散手及祖传技艺，独创了"七十二式连环套拳"，内容涵盖南拳、北腿、擒拿、摔跤等，其中"青牛扫尾""潜龙出渊""鬼推转"三招特色鲜明，最为著名。此外，曹氏大刀在此后的发展与完善中，创造出了插、背、拧、云、水磨、腰串、掌中花、叠罗汉、雪花盖顶、乌龙摆尾、狮子披红等招式。这些招式将一刚一柔、一动一静的招式结合在一起，体现出重刀武术既惊险雄壮，又灵活轻盈的特点。

回族重刀，发展至今已经重达 200 斤，普通人很难拿起来，但神奇的是，百余斤的大刀拿在舞刀者手中，却看上去轻如鸿毛，不仅如此，他们还能轻轻松松做到出刀如风、刀落无声。"刀舞动如风，刀落寂无声。提刀千斤立，舞刀鸿毛轻"是对回族重刀武术的特点最好的概括。

回族重刀武术，既体现着回族民众勇敢无畏、热爱运动的性格特征，又彰显出现代体育精神的风采。它不仅是一种武术运动形式，更是民众崇德尚武精神的延续。这一传统武术派别所提倡的弘扬武术精神、加强民族团结、强健人民体魄等精神内涵，受到了社会各界的广泛认同与称赞。

峨眉武术——以形喻势的巴蜀武风

提起峨眉武术，很多人都会想起金庸武侠小说中的峨眉派，金庸曾在《神雕侠侣》一书中说明峨眉派的来源——郭襄因爱慕杨过但爱而不得去云游四海，在云游的过程中创立了峨眉派，并且拥有一众优秀的女弟子。那么，真实的峨眉派究竟是怎么回事呢？

出自上古的武术流派

在真实的历史中，的确有峨眉派的存在，但其创始人并非女子，而是战国时期一位名叫司徒玄空的武士，人称白猿祖师。据《峨眉山志》记载，司徒玄空观察、仿照山中灵猴的姿态，自创了一套攻守灵活的拳术"峨眉通臂拳"，后来又创编了"猿公剑法"，这套剑法正是峨眉剑的雏形。此人不仅是峨眉派的开宗立派之人，也是峨眉武术的奠基人。

峨眉武术在战国时期成形，但关于其起源却可以追溯到商周时期。在《华阳国志·巴志》中记载了周武王率领巴蜀大军讨伐纣王的场景，其中写道"巴师勇锐，歌舞以凌殷人"，这里的歌舞指的是"巴渝舞"，也可称为"巫舞"，是将"戏"与"舞"相融的一种武术形式。

那时的巴蜀先民信奉巫术文化，而巫术仪式中的原生态歌舞形式就被称为"巫舞"，它是技击招式与武术套路的雏形。此外，古巴蜀地区戏、舞相融合的"跳剑戏""剑器舞""斗牛戏"等，也为峨眉武术的起源奠定了部分基础。

自战国后，峨眉武术历经各个朝代的丰富和完善，越发成熟。南宋时期，白云禅师编创了"峨眉临济气功"，为峨眉武功提供了坚实的理论依据。明末清初时，峨眉武术吸取唐、元、明、清的武举制度，又融合了南北民间众多武术门派的内容，技法丰富多样，体系精妙完善，至此，峨眉武术终于发展成熟，它作为流传范围广、影响力大的武术形式，与少林、武当并称为我国三大武术流派。

峨眉武术经过了漫长的发展，至今已形成八十多个门派、成百上千种拳术招式，并深受民众喜爱。

刚柔并济的武术特色

峨眉武术的特点介于少林的阳刚和武当的阴柔之间，是一种十分讲究刚柔并济、内外兼修的武术流派，在刚柔、快慢、高低、动静、虚实等方面，均展现出相互配合、相互成就的调和感。

峨眉武术的"刚"在于阳刚健壮之美，"柔"是指身体和关节的灵活，"快"指出拳用力干净利落，"慢"指招式细腻、稳住方寸，"动"是外在拳术招式富有变换，"静"是内在神思沉稳、判断准确。"虚"是指要善用虚假动作，诱敌深入，伺机反攻。"实"是要用实际力道，一击即中，让敌人无法反击，"高低"则是指动作结构要有高低变化，根据对手的情况，判断是用高桩还是矮桩取胜。刚柔得中，快慢相兼，动静、虚实、高低灵活运用体现了峨眉武术的科学性与技击性，是这一流派的精髓。

除此之外，以形喻势也是峨眉武术的典型特征。峨眉武术很多动作和招式来源于自然界或生活中的启发，例如，其拳谱中要求像蜻蜓点水般轻巧灵活，像猛虎扑食般沉稳勇猛，像野马飞蹄般出腿，像离弦之箭般出掌，疾步如燕子，势沉如高山，蹿蹦如猿猴，等等，这些都是峨眉武术以形喻势的体现。另外，火龙拳、八卦莲花掌、猴拳、蛇拳、虎爪拳、鹞子拳等招式派别，也是将这一特征发扬光大的典型代表。

峨眉武术作为我国传统武术流派之一，有着极为悠久的历史。峨眉武术起源于四川峨眉山，而后广泛流传于四川乃至整个西南地区，2008年6月7日，经国务院批准被列入了国家级非物质文化遗产名录。

　　峨眉武术文化底蕴深厚，受佛教、道教、儒家等思想内涵的影响，具有较高的文学价值和宗教价值。同时，峨眉武术中的内气修炼具备健身价值和医学价值，其表演形式具备审美价值与娱乐价值。峨眉武术不仅为丰富我国传统武术招式和充实习武者精神内涵做出了贡献，而且，它还有珍贵的研究价值和传承意义，值得我们更多的关注与支持。

蔡李佛拳——"套路深"的拳法艺术

蔡李佛拳的创始人为清朝年间的武术家陈享，陈享为广东省新会县人，由此可见，蔡李佛拳属于南拳的一个分支。

从南拳看蔡李佛拳

南拳是我国七大拳系之一，它以福建、广东两省为中心在长江以南的地区广泛流传。清代以来，南拳迅猛发展，在武侠传奇小说和影视剧中经常出现的洪熙官、方世玉、苏乞儿、黄麒英、黄飞鸿等人物，都是南拳武术的典型代表。这一拳种始于"反清复明"，终于"行侠仗义"，是我国拳术的重要组成部分。

蔡李佛拳是由清代杰出武术家陈享在道光十六年（1836年）创造的。至于这套拳法为什么叫蔡李佛拳，陈享在其著作《蔡李佛技击学》的序言中给出了答案，"蔡"是指蔡福，"李"是指李友山，"佛"是指陈远护，这三位都是曾教授过他拳法的老师，为了感念恩师，陈享便将所创的拳术称为"蔡李佛拳"。

南拳流派众多，各家在南拳的基础上，又形成了不同的特点。其中，流传于广东地区的蔡李佛拳便是一种"套路深"的南拳。

陈享的学拳之路

蔡李佛拳的创始人陈享，自小便与拳法结下了不解之缘，幼年的他极为钟爱武术，7岁时就跟着同村族叔陈远护学习打拳，练就了扎实的武术基本功。

他17岁时，拜广东省五大名拳之一李家拳的创始人李友山为师，学习李家拳。

在习得李家拳后，陈享的拳术已相当厉害，但他依旧不满足。在他22岁这一年，他再一次踏上了学拳之路，来到了广东罗浮山的鹤观拜蔡福为师，继续学习拳法，这一学就是十年。32岁这一年，陈享终于艺成下山，返回家乡。

返乡后，陈享在现广东省江门市一边开设"永胜堂"医馆，一边潜心研究武学，终于将所学的掌法、腿技、拳术等知识融会贯通，创立了完整的拳术体系。后来，他还开设了"洪圣馆"武馆，吸引了各地武术爱好者纷纷前来学习。陈享的弟子们又到各地开枝散叶，在广州、佛山、东莞、肇庆等地区，均有蔡李佛拳的拳馆，这门拳术也成为南拳的典型代表。

南有蔡李佛

在武术上，一直流传着"北有太极，南有蔡李佛"的说法。蔡李佛拳有拳术39套、对拆类套路54套、器械类招式64套、桩法18套、狮艺套路9套、内功练习方法193套。此外，它还有几十种技击手法，如掌法、桥法、拳法等，身法、腿法、步法也各有十几种，囊括了穿、挠、扫、挂、插、抛、拨、压、勾、弹、踢、撩、擒等多种技法。内容丰富庞大，拳术套路招式繁多，是蔡李佛拳的典型特征。

蔡李佛拳的这些套路在实战中灵活组合，变化无穷，十分注重攻防配合，将刚劲与柔和、灵活与稳健巧妙地结合在一起，体现出极佳的技击效果。蔡李佛拳还十分讲究动作和发声的相互配合，它的标示为"域""的""益""吓""鹤"五音，用发声来助威、助势，达到气势磅礴、雷霆万钧的效果。

蔡李佛拳不仅是传统武术的一个重要流派，也是一项强身健体的全身运动，它在端正身形、活腰松肩、呼吸吐气方面均有所裨益。

此外，在这套拳法中还蕴藏着深厚的人文精神。首先，陈享不求出名，而是用恩师的姓氏为拳术命名，体现出其尊师重道、谦逊感恩的优良品格；其次，学习、掌握蔡李佛拳，需要付出辛苦与汗水，可以锻炼学习者坚韧不屈、迎难而上的意志品质；再次，蔡李佛拳提倡武风武德，讲究以武会友、恭敬谦逊的态度，彰显出传统道德中仁、义、礼、智、信的要求与追求。如今，蔡李佛拳已经走过了一百八十余年，正是它独特的套路魅力、人文关怀和文化内涵，才让它得以扎根民间，广为流传。

据不完全统计，目前世界上至少有300万来自不同国家和地区的人在习练蔡李佛拳。2008年，蔡李佛拳获准列入我国国家级非物质文化遗产名录。但在新时期的文化冲击下，蔡李佛拳的发展现状不容乐观，同其他武术流派一样也陷入了发展低谷，修习者不断减少，许多拳法濒临失传，因此，亟须我们的保护和传承。

口技——上古时期的"生活技能"

　　清朝末年，北京的天桥下，只见从一人口中不断发出婉转的鸟叫声，竟与真鸟的鸣叫声别无二致。此人正是北京城里著名的口技艺人"醋溺膏"，他极为擅长模仿鸟叫声，表演时使人仿佛置身于鸟市之中。

　　"醋溺膏"所表演的口技是我国优秀的民间表演技艺，也称"隔壁戏""口戏"，通过模仿各种声音来进行表演，以此来提高故事的趣味性和娱乐性，于2011 年被列入了国家级非物质文化遗产名录。

一个人的表演

　　口技是一种用语言来搭建情境讲述故事的一种表演技艺，在《清稗类钞·戏剧类·口技》中就有关于口技表演的记载："口技为百戏之一种，或谓之曰口戏。能同时为各种音响或数人声口，及鸟兽叫唤，以悦座客。俗谓之隔壁戏，又曰肖声、曰相声、曰象声、曰像声。盖以八仙桌横摆，围以布幔，一人藏于中，唯有扇子一把，木板一块，闻者初不料为一人所作也。"

　　一场精妙绝伦的口技表演背后，通常只有一个人、一把扇子、一块木板，口技就是一场"一个人的表演"，无论是鸟兽叫唤，还是风声、雨声、打雷声，抑或是叫卖声、吵骂声，全凭口技艺人的一张嘴。

　　口技艺人通过用口、齿、唇、舌、喉、鼻等发声器官相互配合，来模仿故事中出现的各种声音，让听的人能有身临其境之感。

清　佚名　《聊斋志异图》　图绘《聊斋志异》中描述的口技。

口技传千年

口技这门技艺由来已久，早在上古时期，先民在狩猎中便开始模拟动物的声音，从而骗取猎物获得食物，也可以发出恐吓的吼叫，达到驱逐或者围猎野兽的目的。战国时期孟尝君夜过函谷关的故事中，孟尝君便是让门客学狗叫进入秦营，盗来狐裘贿赂宠妃得以获得自由，又命另一门客装鸡叫，骗得官吏打开城门，才终于逃脱。这充分说明，早在两千多年前，古人的口技已达到以假乱真的地步。

但口技真正成为一门表演艺术，应不晚于宋代。根据《东京梦华录》记载，北宋时勾栏瓦肆中的口技表演已经十分精湛，口技艺人坐在屏风后，模拟动物的声音进行说、学、逗、唱的表演，深受当时民众的喜爱。南宋时期，杭州出现了口技的演出团体，口技正式作为艺术表演形式在社会上开始流传。宋元戏剧中一些犬吠鸡鸣的舞台效果，大多由口技艺人在后台完成。

明清时期，口技进一步发展完善。明朝时，扬州郭猫儿的《杀猪》《猪争食》，北京"画眉杨"的《二鸟争食》，声音生动逼真，具有故事性，在当时引起了不小的轰动。清朝时，口技则从单一模拟某种声音，发展为同时发出多种声音，由此串联起的故事表演，被称为"口戏"，位列百戏之中。这一时期，北京地区的口技得到了迅猛发展，有当众学鸟鸣的"明春"，也有在屏障后方模拟市民生活场景的"暗春"，技法也有一定的提高。

口技的传承

清朝末年，口技逐渐形成了固定的表演形式，还涌现出了一批优秀的口技艺人，其中，南派口技艺人尹世林，人称"开口笑"，他对口技"隔壁戏"的表演形式进行了改革，被誉为清末一代口技宗师；北派口技艺人"醋溺膏"，学鸟叫是他的绝活儿，光绪年间常在北京天桥下面进行口技表演。南、北两派的口技不断传承。中华人民共和国成立后，南派口技的代表人物为孙泰，北派口技的代表人物为张增材（画眉张）、汤金城（汤瞎子）等。随着中国杂技团的组建，很多口技艺人被吸纳进来，并接受专业的口技训练。

现如今，口技艺人已经走出幕后，直面观众进行表演，在展示声音的同时，加入了丰富的面部表情和肢体语言，将口技发展成为绘声绘色的艺术。另外，他们在实践中不断摸索口技的发声、运气规律，归纳出"循环发声法"与"循环运气法"，为口技艺人开拓了充足的气源和广阔的声域，将口技艺术推上了新的高峰。

口技作为我国的传统民间艺术，从上古时期模拟鸟兽鸣叫的生活技能，逐渐发展演变成为用声音展现世间万物声响的高超技艺，这离不开世代口技艺人的共同努力与探索。这项技艺中，有着传统艺人不惧艰辛、反复练习的刻苦精神，更有着他们对于生活的细微观察与细腻体会，生动逼真的表演，不但征服了中国观众，也让外国友人为之赞叹，是我国宝贵的非物质文化遗产。

第七章
民间美术

扬州剪纸——剪刀下的镂空美学

　　扬州剪纸为江苏省扬州市的传统美术工艺。剪纸是我国极具特色的传统艺术，历史极为悠久，考古学家曾在新疆吐鲁番阿斯塔那古墓群中，发现了南北朝时期的"对马""对猴"等剪纸成品，据此可知，剪纸技艺在我国已流传了一千六百多年。

　　一把剪刀或刻刀，便可在大红色的纸上，通过镂空的光影变化，剪刻出一幅幅栩栩如生、形象细腻的画作。这些剪纸可以做成窗花、门笺、墙花、灯花等，每逢传统佳节或家有喜事，便可将这些美丽鲜艳的剪纸贴在家中门窗、墙壁上，剪纸也会将喜庆气氛烘托得更加热烈。

穿越千年的扬州剪纸

　　扬州是我国剪纸最早流行的地区之一，因此而产生的扬州剪纸，有着极其悠远的历史。谈及剪纸之所以能在扬州盛行，与隋炀帝杨广还有一定的关系。

　　隋炀帝即位后，贯通了南北运河，而随着南北通航，位于长江以北的扬州也随之发展了起来。隋炀帝对这座具有江南风情的城市尤为钟情，曾三下扬州，并长时间居住在这里。

　　在扬州城西有一座皇家园林，名为上林苑。隋炀帝每次下扬州，都会居住在此处。一年冬天，隋炀帝见宫内树木枝叶凋零，便命宫女仿照民间剪纸，使用彩锦剪成花朵、叶子的形状，挂于树上点缀，为这冬日肃杀的园林平添了许多生机。在隋炀帝的倡导下，扬州剪纸得到了很好的发展。

　　唐宋时期，扬州已经可以大量生产质量较高的贡纸，这促进了扬州剪纸的繁荣发展。那时，扬州已有剪纸报春的风俗，古代人民会在立春那日，剪出花朵、蝴蝶等景物，挂在身上或者树上，来增添节日的喜庆气氛。

到了明清时期，扬州剪纸又有了新的发展，随着经济水平的提高，当时民众很讲究装饰和穿戴，如门帘帐沿、被服枕套、镜袱香囊、绢帕笔袋等日常用品，均以绣花为美，遇到结婚做寿、年节喜庆时，所用的绣品花样更多。而这些绣品，都要用剪纸作为底样，于是，扬州剪纸便与扬州刺绣相结合，形成了如今风格独特的剪纸艺术。

扬州剪纸的题材内容也很多样，无论是人物花卉、鸟兽虫鱼，还是奇山异景、名胜古迹，皆可在那薄薄的一张纸上呈现出来。

扬州剪纸　《鸳鸯戏水》

扬州是中国剪纸流行最早的地区之一，唐宋时期就有剪纸报春的习俗。扬州剪纸线条清秀流畅，构图精巧雅致，形象夸张简洁，技法变中求新，形成了特有的艺术魅力。

别具一格的镂空艺术

扬州剪纸是中国南方民间剪纸艺术的代表之一，其清秀流畅的线条，精巧雅致的构图，简洁夸张的形象，变中求新的技法，无疑不在体现着剪纸镂空艺术的魅力。

扬州剪纸作品有着清新素雅、造型逼真的特点，极为注重细节勾勒，对人物和事物的形态有着严格的要求。又因为扬州剪纸是从刺绣花样发展而来，所以它的表现手法与画中白描的手法极其相似，甚至如果除去工具和表现方式的话，可以说，扬州剪纸就是人们剪出来的白描作品。

中国剪纸艺术

清　袁耀　《扬州四景图》

这组画屏是袁耀晚年的作品，所绘为扬州北郊的四处名胜景点，以传统界画的精湛技法把扬州当时"两堤花柳全依水，一路楼台直到山"的繁荣景象真切形象地展现在观者面前。

剪纸艺人以剪刀代替毛笔，用镂空艺术在纸上作画，阳剪的线条和阴剪留下的面形成鲜明对比，点线面三部分相互调和，整体作品充满了跳跃的节奏和韵律感，整个画面极具装饰感，方寸之间尽显乾坤。

非遗传承

现代扬州剪纸的主要传承人是张金盛和张永寿父子俩。第二代传承人张永寿从艺七十多年，他的剪纸作品已经从传统实用性花样，转为富有装饰性的主题性创作，可谓是"圆如秋月、尖如麦芒、方如青砖、缺如锯齿、线如胡须"。在他毕生创作的数千件作品中，《百花齐放》《百菊图》《百蝶恋花图》等作品的艺术价值最高，被称为"剪纸艺术中的观止之作"，而这些优秀的作品也为后辈剪纸艺人留下了宝贵的创作经验。

我国对扬州剪纸的保护从未停止。2006年，扬州剪纸获准被列入国家级非物质文化遗产名录。次年，在扬州成立了中国剪纸博物馆，后续统筹编制了《扬州剪纸中长期保护规划》和《中国民间剪纸集成》等书目，均对扬州剪纸的传承与发展，起到了至关重要的作用。

扬州剪纸蕴涵着丰厚的历史底蕴，深刻反映出广大民众的社会认知、道德观念、生活理想和审美情趣。其艺术价值、鉴赏价值和收藏价值都异常珍贵和难得，对研究中国民俗学、社会学、民艺学等人文科学，也有着重要的意义。

扬州剪纸带着深厚的文化沉淀，从悠悠历史长河中，走到我们眼前，未来它也必将长久地走下去，定能在中国民间艺术篇章中经久不衰，熠熠生辉。

天津泥人张——泥土间的原始魅力

　　天津泥人张彩塑是一种植根于民间的传统工艺，为天津市独特的民间文化。"泥人张"原是人们对创始人张长林（字明山）的称号，后来，随着泥人张彩塑的发展，人们再提起泥人张时，联想到的不仅仅是张长林，还有后世一代又一代传承人，现在，泥人张代表的则是一个彩塑艺术的流派。

从泥塑的历史看泥人张

　　泥塑，又称为"彩塑"，是我国民间古老又常见的艺术。泥塑艺人以泥土为原料，将少量棉花纤维掺入其中，捣匀后，用手将其捏制成各种人物、动物的形态，经过阴干后，可选择保持泥土的本色，也可以涂上底粉进行彩绘。成型后的泥塑作品栩栩如生，精妙绝伦，因此受到了人们的喜爱。

　　我国早在新石器时代就出现了泥塑作品，其到汉代时已成为重要的工艺品种。考古人员曾在两汉墓葬中发现大量用泥土制作的陶俑、陶兽、陶制车船，有手工捏制的，也有用模具制成的，从这个角度来说，封建丧葬习俗客观上推动了泥塑艺术的发展。汉朝之后，随着道教的兴起和佛教的传入，在宗教场所及宗教活动中都有泥塑神像的需求，对其工艺的要求也越来越高。唐代时，泥塑艺术达到顶峰，与吴道子同师的"雕塑圣手"杨惠之，是唐代泥塑艺术家的杰出代表。到了宋代，小型泥塑玩具兴起，有专门从事泥塑的手艺人出售泥塑工艺品。而后的几个朝代，泥塑一直流传不衰，兼具观赏性和娱乐性的小型泥塑作品，几乎在全国各地都有生产和销售。北京、天津、江苏惠山、陕西凤翔、河北白沟、山东高密等地，都是著名的泥塑产地。

　　天津泥人张是我国泥塑艺术的典型代表，始创于清末道光年间，距今已有

泥人张 《梦娃》

一百八十余年的历史了。创始人是张长林。张长林先生心灵手巧，极富想象力，他年少时便常在集市、戏院、庙会等人员密集的地方，观察各行各业形形色色的人，并在袖口里悄悄捏制，每个作品都很逼真传神。18 岁时，张长林为当时的名角余三胜塑造了戏装像《黄鹤楼》，从此扬名。张长林先生继承了传统的泥塑艺术，又从绘画、戏曲、民间木板年画等艺术中吸收、借鉴，在数十年间，他创作出一万多件泥塑艺术品。人们非常喜爱他的作品，送给他一个亲切的称呼——"泥人张"。

神形兼具的架上雕塑

泥人张彩塑能被这么多人喜欢，其实不无道理。其使用胶泥作为原料，再搭配张氏高超的手工技艺，捏造出来的泥人不仅不燥不裂，而且栩栩如生，特别形象。泥人在捏造完成后，还要再经过彩绘和风干的工序，一件完美的彩塑作品才算完成。

天津泥人张的创作题材极为广泛，多取材于神话、戏剧、小说以及世间百态，不仅能创造出形象逼真的外形，还能将人物的神态和性格融入进去，达到神形兼具的艺术效果。张氏在捏造泥人时，很擅长捕捉人物刹那间的动作和表情，并通过这些表情和动作刻画出人物的内心活动和性格。正是因为这点，我们才能从他们的每件泥塑作品中，看到鲜活的生命力。而在彩绘方面，天津泥人张多选用简单、典雅

200

泥人张 《福禄寿》

泥人张 彩塑

泥人张 《李清照》

的色彩，运用绘画中的工笔手法，为作品增添质感、光感和色感，让泥塑作品更加真实、感人。

非遗传承

中华人民共和国成立后，党和政府对天津泥人张彩塑采取了一系列的保护、扶持、发扬政策。迄今为止，泥人张彩塑已历经六代传人，而张家的几代传人先后被聘为文史馆馆长、大学教授等。

1963 年，正式在天津成立了泥人张彩塑工作室，为的就是向多批次学员传授彩塑技法，培养出大量彩塑艺术的专门人才。邓颖超、陈毅、郭沫若等人都参加了开幕仪式，郭沫若还即兴赋诗一首："用泥造人首女娲，明山泥人锦上花。昨日造人只一家，而今桃李满天下。"至此，天津泥人张彩塑从家庭作坊正式走向社会。

如今，泥人张彩塑发展的脚步从未停下，在大街小巷随处可见的穿红色花棉袄、面带微笑的胖娃娃——"梦娃"，就是天津泥人张彩塑的代表作品。梦娃是"中国梦"公益广告中的主人公，其憨厚可掬、纯真梦幻、返璞归真、贴近生活的艺术形象让人过目不忘，正体现出泥人张传神的形象塑造力及高超的艺术水平。

作为国家级非物质文化遗产之一，天津泥人张如今已经走出国门，获得了更多人的认可与喜爱，而张氏一族为中国泥塑作品从神佛殿堂走进普通百姓人家做出了巨大努力和贡献，堪称我国近代泥塑艺术巨匠。

佛山彩灯——融汇南北文化的考究艺术

美轮美奂的佛山彩灯在民间有"灯色"之称，是在广东省佛山一带流行的传统美术工艺品，主要包括大型彩灯和头牌彩灯、人物故事组灯、彩龙、灯笼四大门类，于2008年被列入国家级第二批非物质文化遗产名录。

佛山彩灯美不胜收

彩灯，又名花灯、灯色，是我国传统民俗工艺品。其最早的形式，是用竹、木制作成骨架，外面包裹上用纸或布做成的外皮，中间放上蜡烛，制作成照明的灯笼。后来，随着社会和经济的发展，灯笼逐渐和汉族民间节日赏灯习俗联系到一起，对美观的要求也越来越高，渐渐形成了形状各异、美轮美奂的艺术品。

我国彩灯艺术历史悠久，关于其历史起源可追溯到汉朝时期。在对汉代的考古研究中，便曾发现由铜、铁、陶、玉等材质制成的座灯、鼎形灯、动物形灯等。随着朝代的更迭，彩灯这一艺术形式也在不断普及与发展，各地也出现了很多彩灯流派。其中，广东佛山彩灯是中国南方彩灯的典型代表，也是岭南民间艺术的卓越体现，是我国彩灯艺术的主要流派之一。

广东佛山位于我国东南地区的珠江三角洲上，这里气候优越，物产丰饶，人民生活安定，商业和制作业都很发达，民俗活动频繁。每到丰收秋会、元宵、中秋等喜庆日子，佛山都会举办民间灯会，根据《佛山忠义乡志》中"纸马火龙""柚灯纱笼，沿途交映"的记载可知，早在明朝时期，便已经有了彩灯。

清　佚名　《雍正十二月行乐图》　此图描绘正月观彩灯的情景。

扎作之技

佛山灯笼品类丰富，题材广泛，款式新颖，工艺独特，制作精美，受到民众的广泛喜爱与赞美。一个个精巧的彩灯是通过彩扎工艺制作而成的，而当地频繁的民俗活动推动了彩扎工艺的发展。从明代至中华民国时期，佛山的彩扎业十分兴旺，《佛山忠义乡志》中记载："扎作行，本乡扎作极有名，人物故事尤精，外乡多来购之，又有不倒翁为行酒令之具，外省销流极广。"从这里我们也不难看出佛山彩扎发展的盛况。

具体来说，彩扎工艺主要包括设计、扎廓、扪衬、装配这四大工序。首先是设计，即指工艺师根据节庆需要设计出彩灯的平面图，既要保有传统文化风格，又要追求新颖和独特，另外，彩灯的大小、颜色、样式、花纹、配饰都要在这个阶段确定。其次是扎廓，即用竹篾或铁线扎成立体的灯型框架，这是彩灯成型的关键所在，要求造型准确牢固，对称美观。再次是扪衬，即根据设计，用布料、丝绸、尼龙等扪上灯面，佛山彩灯主要以佛山独有的铜凿衬色剪纸作为纹样装饰，图案多为人们喜爱的龙凤、金钱、花卉、福字等，富有岭南和佛山特色。最后是装配工序，即将多个彩灯安装、制成大型组灯，以满足人们不断提高的艺术欣赏水平。

艺术与民俗的融合

佛山彩灯极具地方特色和表现力，在装饰上多使用当地纹样丰富、色彩艳丽的民间剪纸，不仅具有装饰美，更具有浓郁的地方特色；在造型上，无论是彩灯还是彩龙都是千姿百态，富于变化，都能不断推陈出新。

一个民间艺术社曾制作过一个龙船灯，足足高三层，船身上雕梁画栋，船内还放置有彩扎小人和桌案座椅，可谓是工精艺绝，极富艺术性和欣赏性。

对于佛山人民而言，佛山彩灯还是一种艺术与民俗相结合的艺术品。佛山的传统习俗中，年前家中添丁得子的人，都要在元宵灯节时于家中厅堂或家族祠堂悬挂彩灯，由于在佛山方言中"灯"与"丁"是谐音，彩灯悬挂于厅堂或祠堂，就代表入族了，俗称"报丁"。如果家中新添的是男丁，则每年灯节时都要更换新灯，寓意着传宗接代、延续香火。

佛山彩灯是南北艺术、文化交融的体现，其精湛的工艺和细腻的制作，富有极强的艺术表现力、感染力和观赏性。它将绘画、雕塑、装饰艺术融合在一起，运用中国风的构图、色彩和光影变化，制作出一个个民族特色浓郁的工艺品。佛山彩灯作为国家级非物质文化遗产，不仅可以烘托喜庆、欢快的节日氛围，丰富了人民的艺术文化生活，而且，还对研究民间艺术文化和岭南风土民俗具有深远的艺术价值和现实意义。

花溪苗绣——织帛上的丝线彩绘

　　苗绣，是苗族民间的传统刺绣技艺，主要流传于贵州省的贵阳市、雷山县、剑河县等地区，不同地区的苗绣有不同的形式与风格。花溪苗绣是流行于贵阳市花溪一带的苗绣工艺，为我国国家级非物质文化遗产之一。

苗族服饰上的丝线彩绘

　　苗族是我国的少数民族之一，主要分布在贵州、湖南、云南、广西等地区，在东南亚的泰国、越南、老挝等国家和地区也有分布。苗族悠久的历史，让他们在衣、食、住、行、文学、艺术等方面形成了独特的民族魅力。其中，苗族服饰，便是苗族特色的典型代表。

　　苗族服饰在苗语中被称为"呕欠"，主要有童装、便服、盛装这三种形式，其中，苗族女人的盛装最为漂亮。她们上身穿着银衣"呕欠涛"，下身穿着百褶裙，前后系有围腰。湖南和贵州东部的苗族很喜欢银饰，贵州南部某些地区的苗族则喜欢贝饰，丰富多样的饰品将她们衬托得更加光彩动人。苗族服饰样式多达二百余种，大多都包含着银饰、苗绣、蜡染这三项内容。而苗绣是苗族服饰上极为常见的装饰式样。

苗族人的审美智慧

　　现存的苗绣，起源于古代濮人的雕题文身，纺织技术成熟之后，他们转为在蚕帛上描绘花纹。随着针和织板的出现，濮人后裔对图样的追求也越来越高，雕题文身进一步发展成挑花、织花、凿花、绣花的技艺，并流传下来，对后世

花溪苗绣

花溪苗族挑花技艺具有追念先祖、记录历史、表达爱情和美化自身等功用，同时又有很强的装饰性。

民族艺术影响深远。

苗族妇女十分擅长纺织与刺绣，精美的苗绣正体现出濮人图案对称的艺术格局。苗绣不仅表现着苗族的历史文化，也是苗族女子审美和智慧的结晶。尤其以流传在贵州省雷山县、花溪区、剑河县等地的苗绣，风格样式十分精美独特。

在贵州众多具有地方特色的苗绣中，花溪苗绣是最具特色的一种。而它之所以能在贵阳一带"安家"，相传与原始社会时期的九黎部落有关。九黎部落相传为苗族的先祖，他们本来居住在黄河流域，但因与外族交战多次失利，一部分族人便迁入现在的贵州省境内，其中有个自称"谋"的支系，定居贵阳市花溪一带。

独特的"挑花"技艺

花溪苗族本来是穿着蜡染制成的衣物，后来偶然发现，通过刺绣的方法在衣物上进行挑花更为好看，便开始使用这种方式装点衣物。因为这一支系女子的衣服比其他分支刺绣更多、花样更美，也将这一支系称为"花苗"。花溪苗绣正是因为挑花这一技艺才成了苗绣中的代表。

挑花，是一种刺绣针法，也有"数纱绣"之称，它是在棉麻布或纱织布上用彩色的线挑出很小的十字，构成各种图案，花溪苗绣便是采用这种方法，不用底稿，反面挑，正面看，作品精巧美观。早期的花溪苗绣主要是在青色麻布上

文山苗族挑花绣缀彩珠女服

苗族服饰侧重选用多种强烈的对比色彩，努力追求颜色的浓郁和厚重的艳丽感。

209

挑花，以单纯典雅的银色调为主，点缀零星彩色，多为几何形的程式化图案，后来出现了青色土棉布底布，色彩转为红、黄、绿、白等热烈鲜艳的色彩，图案也更加活泼多样。

现代的花溪苗绣，布底的材质和颜色都更为丰富，有些艺人开始仿照现代纺织物上的写实图案制作挑花，图案和构图均愈发灵活、自由。目前，常见的挑花图案有猪蹄杈、牛蹄杈、冰雪花、荷花、稻穗、铜钱、太阳、螃蟹、燕子、桥梁、河流、苗王印等，这些图案精细秀丽，生动形象，具有很高的艺术价值。

由于苗族没有留传下来的文字，所以，花溪苗绣便成了记载本民族历史和传说、追念先祖、表达民众美好希望与追求的重要艺术形式，服饰上的独特挑花样式也成为识别这支苗族的标志。

花溪苗族女子在刺绣时，不仅延续着本民族的艺术传统，而且还会发挥想象力，大胆进行再创作，充分显示出花溪苗绣的艺术性与独创性。正是因为花溪苗绣如此特别，所以，如今人们提起苗绣，大都想到的是花溪苗绣。

花溪苗绣在苗族的日常生活、节日庆典、民族活动、宗教仪式上都很常见，是一门集实用性、装饰性、观赏性于一体的优秀民族艺术。传承与发扬花溪苗绣，对于传承苗族历史文化以及丰富我国民间艺术、美术技法都有重要的意义，它是我国非物质文化遗产中不可多得的宝藏。

墨竹工卡直孔刺绣唐卡——绣线绘制的藏族"百科全书"

　　唐卡，又称为唐嘎、唐喀，是一种用彩缎装裱后用于悬挂供奉的宗教卷轴画。唐卡不仅是藏族文化中一种独特的艺术形式，也是世界上公认的珍贵艺术品。

众说纷纭的唐卡起源

　　关于唐卡的起源，学术界持有不同观点，至今没有定论。有些人认为，唐卡是印度的古老宗教布画"钵陀"随着佛教一起传入的，也有人认为唐卡是受我国中原卷轴画的影响而产生的。

　　西藏学术界则认为，唐卡是唐朝时的松赞干布用自己的鼻血绘制的一幅神像画，后世被果竹西活佛收入了神像里，才有了唐卡的发展与传播；还有人认为，唐卡是由西藏本土宗教苯教的布画继承发展而来的。

　　但不管是哪种观点，都充分地说明唐卡历史悠久，有着深厚的宗教文化底蕴，兼具艺术性与文化性。

　　唐卡的绘画风格最早是受尼泊尔风格的影响，7世纪前后，佛教开始大量传入西藏地区，在西藏地区兴起修建寺庙之风，而寺庙内的壁画、塑像等大都出自尼泊尔画家之手。其绘画风格在后来的发展中，又先后受到齐岗画派、勉唐画派、噶玛嘎孜画派等画派风格的影响，逐渐形成了自己的特色。

藏族文化的百科全书

　　传统唐卡有着严格的制作要求，工序十分复杂，包括制作前仪式、制作画布、起稿构图、染色着色、勾线定型、开眼、缝裱开光等多个工序，因此，制作唐卡所用的时间较长，有的作品甚至需要十年之久才能完成。

清 唐卡 释迦牟尼佛教譬喻

唐卡被称为"藏族文化的百科全书"，它的题材内容主要分成两类，一类是涉及祖师像、神佛菩萨、护法罗汉、生死轮回图、西方极乐图等内容的宗教类；另一类是以历史故事、天文历法、医药科学等为内容的非宗教类，这些几乎囊括了藏族人民生活的各个方面，任何一个传统知识，都能从唐卡里面找到相关内容。唐卡既可以按照内容分类，也可以按照大小分类，还可以按照材质分类，刺绣唐卡、缂丝唐卡、织锦唐卡、绘画唐卡等，都是唐卡的重要形式。

直孔刺绣唐卡

从墨竹工卡县走出的直孔刺绣唐卡是唐卡中极具特色的一个分支。墨竹工卡县，隶属于拉萨市，藏语意思为"天边之乡"，精美的直孔刺绣唐卡便产生于这里。这项精巧的艺术产生于1880年三十五世直孔时期，创始人是赤列多吉，后来一直在他们家族内传承，经过百余年的摸索与改进，刺绣手艺日益完善，作品也呈现出更精细的美感。

墨竹工卡直孔刺绣唐卡的制作工艺复杂，讲究拼、缎、刺、绣、缝等，制作时要先画好想要表现的内容，再进行刺绣。刺绣所选用的丝线都是上等材料，但因为西藏地区蚕丝匮乏，制作面积在十平方米以上的大型唐卡，需要将五六根马尾毛捻成细线，用生牛羊肉涂抹，来达到黏合的作用，再用各色绸布包裹在外制成丝线缝制，这充分体现出唐卡手艺人认真、虔诚的工匠精神。

直孔刺绣唐卡全部以刺绣完成，多用工笔重彩和白描的绘画手法，整体构图严谨均衡，丰富多变，各种佛教尊神、菩萨、护法、明王、高僧以及藏族历史人物生动传神，坛城佛塔、香巴拉图、须弥山图、生死轮回图、天体运行图等清晰亮丽，整幅刺绣唐卡作品看起来凹凸有致，栩栩如生，包含着浓郁的艺术性与文化性。

墨竹工卡直孔刺绣唐卡与其他形式的唐卡一样，内容都涉及西藏地区的社会、宗教、历史、文化、民俗等方面，是了解藏族文化及直孔文化的"百科全书"。这对制作者的要求也十分高，刺绣唐卡的传承人不仅要有精湛的刺绣手艺，还要有丰富的知识、较高的审美以及精确的构思能力。

目前，能熟练掌握墨竹工卡直孔刺绣唐卡技艺的人已经很少了，甚至存在后继无人的危机，唐卡正面临着消亡的风险，亟待我们的拯救与保护。

梁平木版年画——独具特色的艺术商品

重庆梁平有三绝——竹帘、灯戏和年画。其中的年画，指的就是梁平木版年画，是当地民众为了庆祝年节在木板上通过刻版、彩绘的方式绘制的。梁平年画声名在外，与绵竹年画、夹江年画并称为"西南三大年画"。

木版年画工序多

梁平木版年画的制作极为不易，总共要经历雕版、蒸纸、托胶、开脸等30道工序。梁平木版年画的用纸极为讲究，必须使用当地生产的"二元纸"。而且，还要对二元纸进行蒸纸、刷矾水、涂观音土等二次加工，这样有利于长时间地保留年画的色彩。

制作木版年画的原木一般选用梨木，买回来的梨木板先要进行加工和打磨，然后将梨木泡水阴干后再进行雕版，再用刻刀进行篆刻。在雕版时，应注意线条疏密关系、线条粗细关系，雕刻出的人物要清晰、挺拔、富于美感。在雕刻完成后，对木版进行盖刷，将画像印于二元纸上。

开脸也是梁平木版年画制作中必不可少的一道工序，究竟何为"开脸"？开脸是指在所画人物的面部和手部施以手工彩绘，比如对人物的眼睛要进行点眼和描白仁，有时还要为人物画上胡须。梁平木版年画以画门神为主，色彩极为鲜艳，基本上每一幅年画都需要开脸。

在开脸之后，还需要往画中人物的脸上打一些腮红。梁平年画与其他年画最大的不同就在于腮红，其他地方的年画，腮红都是打在脸蛋上，而梁平年画的腮红却是打在腮帮上。

梁平木版年画

梁平木版年画表现出一种粗犷野俗、浑厚凝重的质朴之美，具有重庆山区农民那种纯朴敦厚的气质。

"梁平三绝"历史悠久

　　制作木版年画的第一道工序就是雕版，因此，木版年画这一绘画形式，与调版印刷的成熟是分不开的。明朝中期以后，随着社会的发展和技术的进步，雕版印刷中的彩色套印技术趋向成熟，年画也从最初的手绘转变为印刷，木版年画得到了飞速的发展。清朝中晚期，木版年画出现了大大小小的几十个产地，其中，重庆梁平、天津杨柳青、山东潍坊、河北武强、苏州桃花坞、四川绵竹等地产出的木版年画，流传最广，也最受民众喜爱。而重庆梁平的木版年画，以其颜色鲜艳、厚重朴实的原始美感，成为木版年画中独树一帜的支派。

　　明朝嘉靖年间，梁平区屏锦镇出现了印刷红纸的刷坊，当时多印刷单图案或者神灵，以满足人民婚丧嫁娶的需要，后来才开始生产年画。到清朝嘉庆时，"信立号"的创办，使梁平木版年画从单一转为复杂，它以套色印刷为主，一色一版，一般要套印五六次才能完成，多的甚至要套印十二、十三次。清末民初，梁平木板年画迎来了鼎盛发展时期，印刷作坊多达四五十家，每年能生产数百幅年画，不仅满足了当地人的需求，而且远销周边省市，甚至现在还出现在美国、法国等地的博物馆中。

梁平木板年画内容丰富，主要可以分成三大类。一类是如《将帅图》《加官晋爵》《扬鞭》《五子登科》等作品的门神画，一类是如《麒麟送子》《老鼠嫁女》等作品的神话传说画，还有一类是如《四郎探母》《钟馗嫁妹》等作品的戏曲故事画。

色彩鲜明有层次

梁平木版年画色彩鲜明，常用浓烈厚重的深红、群青、深绿等色，搭配上淡黄、淡紫、浅粉、浅蓝等颜色，既有强烈的对比，又有同色系的过渡，布局精巧美观，富有变化。

在技法上，梁平木板年画则在传统水印木板年画和川派雕刻的基础上，吸取徽派、金陵派的雕版套色技术，同时结合我国传统绘画技法和西洋绘画技法，使构图更加饱满简约，人物更加夸张鲜明，动静得当，有层次感，十分吸引人。

时至今日，每当年节、丰收等喜庆日子，人们仍有张贴年画的习俗，而且，年画的画面内容历史悠久，都来源于我国的传统文学与传统艺术，这充分显示出这种艺术形式具有很强的节令性、地域性、集体性、民族性、传承性等。梁平木版年画不只是艺术品，更是一件与人民生活息息相关的商品，是观赏性很强的艺术商品，它同时满足购买者的物质生活和精神生活的需要，蕴藏着深厚的民族精神与文化内涵。

随着社会的发展和工艺水平的提高，现代印刷技术已经取代了传统的雕版印刷技术，很多传统木版刻印的手工业者都纷纷转型，另谋出路，梁平木版年画的发展一度陷入困境。党和政府很重视这项传统艺术的传承与保护，一直在收集、整理雕版和老年画，通过修复和装裱，有些年画进入了展览馆，有些年画进入了书籍。相信在未来的日子里，梁平木版年画一定会焕发出新的生机，得到更好的保护与传承。

阜新玛瑙雕——千年历史的绝妙饰品

想要制作一件富于美感、工艺精美的玛瑙雕，并不是件容易事，但对于阜新玛瑙雕手艺人来说，并不是一件难事。阜新这个东北小城市，不仅拥有着巨量的玛瑙资源，而且还拥有众多从事玛瑙生产、加工、制作的手艺人。可以说，中国的玛瑙加工、制作中心，就在阜新。

玉龙故乡

阜新位于我国东北地区的南部、辽宁的西北部，处在内蒙古高原和辽河平原的过渡带上，是沈阳经济区的副中心城市，承载着部分经济和装备制造业功能，同时，也是我国重要的玛瑙产地之一。

阜新的玛瑙文化历史悠久，积淀深厚，玛瑙雕刻工艺更是享誉海内外。在阜新一处距今七千多年前的新石器时期遗址中，曾出土了玛瑙打制的刮削器，这充分说明阜新是世界上最早认识玛瑙和使用玛瑙的地区。

到辽代时，阜新民间已有开采、加工玛瑙的生产活动，清河门辽墓出土的围棋、酒杯、项链等，有力地证明了一千多年前阜新玛瑙的优良品质和雕刻制作技艺的精湛。

清朝时，阜新的玛瑙雕已经颇为出名并具备一定规模，乾隆年间宫廷所用的玛瑙饰物和雕件不少都出自这里。阜新蒙古族自治县七家子乡"宝珠营子村"就是因为曾给乾隆帝进献"佛光玛瑙朝珠"而受封得名。

阜新的玛瑙原石品种众多、颜色丰富、质地细润、纹理斑斓，经过加工抛光之后，更加通透有光泽，深受玛瑙爱好者的追捧。"世界第一玉"和"华夏第一龙"都在阜新出土，因此，阜新又被誉为"玉龙故乡，文明发端"。

雅活与素活

作为一种中档宝石，玛瑙素有"玉黄金"之称，被视为美丽、幸福、吉祥、富贵的象征，是收藏价值很高的保值物品，而雕刻的玛瑙则具备更多艺术性和观赏性，凝聚着其千百年的传承历史和一代代的匠人精神，是一项不可多得的美术艺术品。

雅活和素活，是阜新玛瑙雕的两类作品。雅活是指植物花卉、山水、动物、人物等的雕刻；素活则是指中国传统造型的雕刻，例如，仿古器物炉、瓶、鼎、熏、炉等。在制作玛瑙雕时，雅活雕刻可以根据玛瑙原石的纹路以及色彩变化，随时改变创作方向，具有较强的灵活性。但素活雕刻却很难这样做，因为素活雕刻物的造型多是仿古的炉、鼎、瓶等物，追求的是平衡、稳定和比例匀称，要把形做得好、做得美，需要下一番苦功。这也是为什么一件素活玛瑙雕，通常要耗费雕刻师几个月甚至几年时间的原因。

不过，阜新玛瑙雕的素活工艺是非常精湛且优秀的，素活匠人们充分运用圆雕、浮雕、镂空雕、阴刻雕等技法，完美复刻饕餮纹、龙凤纹、鸟兽鱼虫纹、几何纹等图案，另有打孔掏堂、取链活环、肩耳制作、透雕活球、装饰雕刻等绝活儿，由此制作出了一件件花纹复杂多样、图案古朴精美的雕刻艺术品，具有极高的审美价值和收藏价值。

阜新玛瑙雕

阜新玛瑙雕

阜新玛瑙雕

非遗传承

随着玛瑙产业而生的阜新玛瑙雕，作为阜新的传统美术艺术，已经成为我国非物质文化遗产的一部分，被列入国家级非物质文化遗产名录。

制成一件玛瑙雕通常需要经过选料、剥皮、设计、初雕、细雕、抛光、配座等七道工序，其中，最重要的就是剥离、雕刻和抛光。剥离，是要将选好的玛瑙原石与其他杂质剥离开，随后洗净进行雕刻；雕刻一般要先绘制图案，再进行细致的雕刻，这个过程需要几个月甚至几年才能完成；接下来的抛光，则是要将作品继续打磨，直到玛瑙光亮圆润，才算大体完成。

阜新玛瑙雕的艺术特点是巧、俏、绝、雅。巧是指创意构思巧妙，雕刻手法巧夺天工；俏是指其充分利用玛瑙的天然颜色、花纹和质地，做出的玛瑙雕俏丽，栩栩如生；绝是指阜新玛瑙雕的灵感源于自然和生活，又高于自然和生活，是具有艺术感染力的绝品；雅是说玛瑙雕作品格调高雅，蕴藏着深厚的民族精神和人文内涵。《龙凤纹多层链条花熏》《龙凤纹多层链条熏炉》《水帘洞》等作品，都是阜新玛瑙雕的典型代表，生动体现出了这些特点。

方城石猴——寓意带来好运的猴子石雕

玉不琢不成器，石不雕更难成"器"。石雕作为一种历史悠久的手工雕刻技艺，以石材为原料，通过精湛的技艺和丰富的想象，创造出各种可视、可触的艺术形象，既可以反映社会现实生活，又可以表达出石雕艺术家的审美感受和情感，具有极高的审美价值。

万物皆可雕

早在石器时代，我国原始先民便已经将石器加工作为谋生手段，通过敲打、切割、修整制成了石磨盘、石磨棒、石制装饰品，以及石刻岩画、线雕等物品，这些都充分印证了石雕这门工艺在万年之前就已经出现。

商代时，社会上盛行"万物有灵"的原始宗教观，因此，石雕更多表现的是各种动物的形象，例如，侯家庄商墓中出土的石鸭，其基本造型粗重，身上的羽毛和双翼细节全部用线刻文表示，彰显出了商代圆雕造型融入图案装饰的特色手法，雕刻形象也更加丰满。

唐代时，石雕艺术史发展到了高峰，这一时期的陵墓石雕和佛教石雕较为发达。唐代的佛教石雕除了传统的石窟造像，还留下了很多佛寺彩塑和小型佛像，这些石雕内容丰富，艺术水平较高，十分逼真传神。而陵墓雕像也同样可以分为陵前雕像和墓内小陶俑，献陵石雕、昭陵石雕等气势雄伟，影响深远，为后世雕塑树立了典范。

明清时期，石雕艺术进一步发展，并与宫殿园林相融合，天坛、故宫、圆明园中都能看到石雕艺术的痕迹，这些石雕雕刻精细优美，再次印证了伟大的建筑都离不开石雕的装饰和构建这一说法。

非遗传承

　　我国的石雕艺术，一般采用花岗岩、大理石、砂石、青石等天然石材作为雕刻原料，通过圆雕、浮雕、透雕、线刻等雕刻手法，做成建筑构件、装饰品、神佛像以及兼具欣赏性和实用性的生活用品等。不同地区的石雕往往呈现出不同的艺术特色，河南省南阳市方城县的石猴就是一种独特的石雕艺术品。

　　方城石猴起源于宋代，在明清时期已经非常盛行，作为一种拥有千年历史的古老民俗艺术品，每年农历三月三，在方城县小顶山的庙会上，都会进行出售。这种猴子是以滑石为原料雕刻的，质地松软，颜色美观，高 3～5 厘米，雕刻成型之后，还要以古法制成的红、绿、黄、黑四种颜料进行着色装饰，最后刷上一层桐油以便保存。这些石猴作品造型古朴，显示出粗犷、质朴、率真的艺术特色，带有浓郁的地方色彩和乡土气息。

　　方城石猴从来没有参加过工艺比赛，也没有进行过宣传，在方城一代代延续下来，原本很少被外界熟知。后来，经过到访游客的推广，这种小石猴才引起艺术界与收藏界的关注，吸引各地民众和收藏爱好者前来购买。现如今，方

方城石猴

方城石猴作品造型古朴，粗犷稚拙中别见质直率真，显露出淳厚的地方色彩和浓郁的乡土气息。

城石猴已经成为我国非物质文化遗产的一部分，被列入国家级非物质文化遗产代表性项目名录之中。

带来好运的"好时候"

在方城，人们将这种小石猴称为"好时候"，纷纷踊跃购买，并将它赠送给亲朋好友，希望借此带来好运。单猴寓意为"祖师封侯"，母子猴寓意为"辈辈封侯"，还有一些双猴、猪八戒背猴等造型，均有着吉祥、美好的寓意。方城石猴在当地被视为吉祥物，逢年过节的时候，人们经常佩戴，久而久之便形成了独特的"猴文化"，民俗意义十分突出。

随着社会的发展和石雕技艺的进步，方城石猴也更具艺术魅力。小小的石猴，既能体现出精美高超的石雕艺术，又寄托着劳动人民对于吉祥、幸福的追求与愿景。正是这种厚重的民俗文化，让方城石猴经久不衰，深受世代民众的喜爱。

第八章 传统技艺

湖笔制作技艺——笔尖上的"三则四德"

笔墨纸砚中的笔，是指毛笔，它是由中华民族世代智慧凝结而成的一件珍宝，至今已有两千多年的历史，不管是日常写字记录，还是书法作品，抑或是绘画中的勾勒和晕染，都需要用到毛笔。而在众多毛笔的产地和制作技法中，湖笔受到了历代文人特别的喜爱和推崇。

湖笔与赵孟頫

湖笔还有一个名字叫作湖颖，被赞誉为"笔中之冠"，大概是在元朝时期出名的。在元朝之前，宣笔是毛笔中名气最大的一种，那时候，像苏东坡、柳公权这样的文人都很喜欢用宣笔。可不幸的是，到了南宋时期，宣笔的故乡宣城遭遇了战乱，但它的近邻湖州却十分幸运地逃过了战争的洗劫，成为文人雅士们新的聚居之地，而这里盛产的湖笔，也就此取代了宣笔，成为当时"用户"最多的毛笔。

要说到湖笔成名这件事，就不得不提元代大书画家赵孟頫。赵孟頫号称一天就要书写上万字，所以，他对湖笔的制作技艺非常重视和关心。相传，赵孟頫曾找人替他制笔，哪怕有一支不甚完美，他都要让制笔的工匠将所有笔拆裂重制，可见其要求是非常严格的。此外，因为"笔之所贵在于毫"，所以，赵孟頫对笔毫的挑选很看重，在别人看来够做好几支笔的笔毫，经过他的挑选后往往只够做一支。

后来，赵孟頫的书法作品渐渐闻名于世，而湖笔也随之走进文人墨客的视野。当然，赵孟頫对待毛笔制作那种一丝不苟的态度，也使湖笔的制作更加精进，而他对湖笔严格的质量要求，也一直被沿用至今。

湖笔的"三则四德"

湖笔之所以能有如此精良的品质，其实还得归功于在制作中所必须遵循的"三则四德"。

所谓"三则"，指的是精、纯、美。精，是湖笔制作的精心，湖笔的笔头尖端，有一段整齐而透明的锋颖，这是湖笔最大的特点，这是用上等毛料，经过拣、浸、拨、梳、结、配、择、装等72道工序制作而成，每道工序都不能马虎，这也为湖笔质量稳定且过硬，奠定了扎实的基础；纯，是指选料严格细腻，白居易就曾以"千万毛中拣一毫"和"毫虽轻，功甚重"来形容制笔技艺的精细和复杂，湖笔就是一直用这样的态度选料；美，是指形、色及配合的毛杆、刻书、装潢等高度统一，极具视觉美感。这"三则"使湖笔在外观和质量上，达到了始终如一的标准，而这也是文人信任湖笔的原因之一。

而这"四德"，则是指齐、尖、圆、健，这几个特点是从书写效果上说的。齐，指湖笔笔头饱满浓厚，吐墨均匀；尖，是指笔锋锐尖不开叉，利于钩捺；而圆，是圆转随执笔人心意，挥洒自如；健，意为健劲耐用，不脱散败，能尽

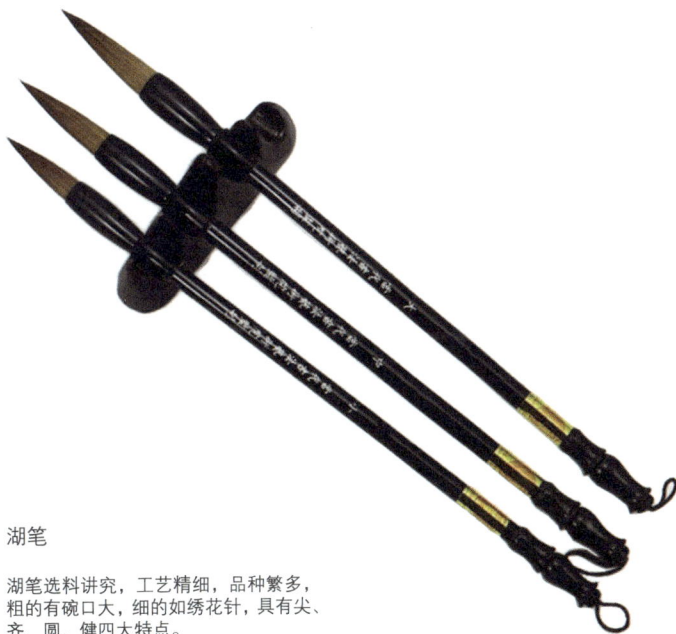

湖笔

湖笔选料讲究，工艺精细，品种繁多，粗的有碗口大，细的如绣花针，具有尖、齐、圆、健四大特点。

載營魄抱一，能無離乎？專氣致柔，能如嬰兒乎？滌除玄覽，能無疵乎？愛民治國，能無為乎？天門開闔，能無雌乎？明白四達，能無知乎？生之畜之，生而不有，為而不恃，長而不宰，是謂玄德。

三十輻共一轂，當其無，有車之用。埏埴以為器，當其無，有器之用。鑿戶牖以為室，當其無，有室之用。故有之以為利，無之以為用。

五色令人目盲，五音令人耳聾，五味令人口爽，馳騁田獵令人心發狂，難得之貨令人行妨。是以聖人為腹不為目，故去彼取此。

寵辱若驚，貴大患若身。何謂寵辱？寵為下，得之若驚，失之若驚，是謂寵辱若驚。

上善若水。水善利萬物而不爭，處眾人之所惡，故幾於道。居善地，心善淵，與善仁，言善信，政善治，事善能，動善時。夫惟不爭，故無尤矣。

持而盈之，不如其已；揣而銳之，不可長保。金玉滿堂，莫之能守；富貴而驕，自遺其咎。功成名遂身退，天之道。

夫佳兵者，不祥之器，物或惡之，故有道者不處。君子居則貴左，用兵則貴右。兵者不祥之器，非君子之器，不得已而用之，恬淡為上。勝而不美，而美之者，是樂殺人。夫樂殺人者，不可得志於天下矣。吉事尚左，凶事尚右。偏將軍居左，上將軍居右，言居上勢則以喪禮處之。殺人之眾多，則以悲哀泣之。戰勝以喪禮處之。

道常無名，樸雖小，天下莫能臣。侯王若能守，萬物將自賓。天地相合以降甘露，人莫之令而自均。始制有名，名亦既有，夫亦將知止，知止所以不殆。譬道之在天下，猶川谷之於江海。

知人者智，自知者明。勝人者有力，自勝者強。知足者富，強行者有志。不失其所者久，死而不亡者壽。

大道氾兮，其可左右。萬物恃之以生而不辭。

元　赵孟頫　小楷《道德经》

《道德经》是赵孟頫的小楷代表作之一，他时年六十三岁，字体工整秀丽，笔法稳健，独具风格。

老子

道可道非常道名可名
非常名無名天地之始
有名萬物之母常無欲以觀其妙常有欲以觀
其徼此兩者同出而異名同謂之玄玄之又玄
衆妙之門

天下皆知美之為美斯惡已皆知善之為善斯
不善已故有無之相生難易之相成長短之相
形高下之相傾音聲之相和前後之相隨是以
聖人處無為之事行不言之教萬物作而不辭
生而不有為而不恃功成不居夫唯不居是以
不去

不尚賢使民不爭不貴難得之貨使民不為盜
不見可欲使心不亂是以聖人之治也虛其心
實其腹弱其志強其骨常使民無知無欲使夫知者
不敢為也為無為則無不治

道沖而用之或不盈淵乎似萬物之宗挫其銳
解其紛和其光同其塵湛兮似若存吾不知誰
之子象帝之先

天地不仁以萬物為芻狗聖人不仁以百姓為
芻狗天地之間其猶橐籥乎虛而不屈動而愈
出多言數窮不如守中

谷神不死是謂玄牝玄牝之門是謂天地根綿

小矣萬物歸焉而不為主可名於大矣是以聖
人能成其大也以其不自大故能成其大

執大象天下往往而不害安平泰樂與餌過客
止道之出言淡乎其無味視之不足見聽之不足
聞用之不可既

將欲翕之必固張之將欲弱之必固強之將欲
廢之必固興之將欲奪之必固與之是謂微明
柔弱勝剛強魚不可脫於淵國之利器不可以
示人

道常無為而無不為侯王若能守萬物將自化
化而欲作吾將鎮之以無名之樸無名之樸亦將
不欲不欲以靜天下將自正

老子道德經卷終

集賢侍講學士中奉大夫趙孟頫書

吳興趙文敏公為張留孫道士書此卷字畫遒媚轉折縱筆

嘗奉子昂一時嘉儒名士人作詩跋批取後書畫

卷之二變有吳興于昂之閣之嘆今觀其書不

一粍青

元　赵孟頫　自画像

在这幅画中，赵孟頫把自己画得颇为精致，乌巾白袍，执杖回首的瞬间，超然出尘的气质跃然纸上。赵孟頫将自己置于山林之间，借环境体现个人的志向，表达自己的人生追求。

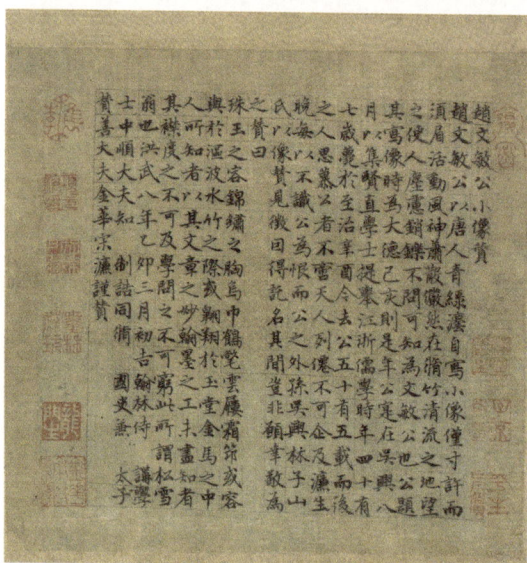

显书写者笔力。湖笔，一直按照传统书法、绘画的书写习惯操作，使用者感受极佳，所以，才愿意一直使用湖笔。

湖笔能流传至今并广为文人称道的最根本原因，主要还是在于它有过硬的品质，无论是制作技艺，还是书写效果，湖笔都不愧为当今毛笔中的佼佼者。

湖笔的"今生"

湖笔发展到今天，市面上最常见的湖笔按照毛的来源，可以分为羊毫、兼毫、紫毫、狼毫四类，每类又有很多品种，所以，毛笔共有近三百个品种。一般来说，羊毫是湖笔中占比最高的，因为羊全身的毛都可以用来做毛笔，所以原料非常的充足，不仅如此，羊毛还有吸墨能力强和弹性好的优点。

当然，最常见的羊毫并不一定就是湖笔中最"廉价"的种类，一支上好的羊毫湖笔，其笔毫都是尖端有一截半透明的优质羊毛，而要制作这样一支笔，得要用上一到两只山羊。

如今，一支精心制作的湖笔，几乎可以称得上是一件艺术精品，其精湛的制作工艺，不仅体现出从古至今劳动人民不凡的智慧和技能，也体现出中华民族杰出的创造力，在湖笔工艺传承中形成的独特习俗和匠人精神，具有深厚的社会价值和历史价值，丰富了江南文化的内涵，是中华民族优秀文化的重要组成部分。

2006 年，湖笔制作技艺成功被列入国家级非物质文化遗产名录，国家规划并制定了一系列关于湖笔制作技艺的保护和传承工作。如今，湖笔不仅再次走向了全国，还走向了全世界，对促进古今中外文化交流，都有着极其深远的意义。

相信湖笔一定能在新时期的机遇和挑战中，依靠"三则四德"的精良制作工艺，重新为自己博得一席之地。

徽墨制作技艺——延绵千年的珍稀技法

墨是我国传统的文房用具之一，是书写、绘画等文化活动中必不可少的颜料。最初的墨都是黑色的，后来随着社会的发展，又产生了朱墨和彩色墨。

墨与涂鸦

说到墨，大家首先会想到的就是黑黑的墨汁，但其实，墨有很多种类。总的来讲，墨可以分为天然墨和人工墨，现在我们用的几乎都是人工墨，而在前14世纪的骨器和石器上，我们所看到的中华先祖留下的"文字"和"涂鸦"，用的却是植物、矿物、动物等天然材料制作而成的墨。

到了商周时期，甲骨文、木牍、书画上也仍然存在着天然墨的痕迹。直到汉代，人工墨品才出现在我们的视野中。而到了魏晋南北朝时期，墨的质量不断提高，这一时期，还出现了最早讲述制墨工艺的篇章——《合墨法》。

之后的朝代中，也陆续出现了很多在制墨上颇有建树的人，例如，唐代的奚超、奚廷珪父子，宋代的潘谷，明代的邵格之、程君房，以及清代的曹素功、汪近圣等，他们制作的墨都堪称精品。

清代时，墨开始向"精鉴墨"和"家藏墨"两个方向发展，因此，墨也成了一种兼具实用性和美观性的工艺品。直到现在，仍然有很多不擅长书画的人收藏各种精美的墨，朋友来家里做客时便可以拿出来好好"显摆"一番，以彰显自己的雅致。

从元朝开始，一般以湖笔、徽墨、宣纸、歙砚为"文房四宝"中最好的品类。作为墨中佳品的徽墨，它的生产最早可以追溯到唐朝，唐朝时期，徽墨的制造中心有安徽省的绩溪县、屯溪区、歙县，不过，后来因为受到安史之乱的

徽墨

徽墨是以松烟、桐油烟、漆烟、胶为主要原料，制作而成的一种主要供传统书法、绘画使用的特种颜料。

煙槐

用淘鍊細土燒長柄瓦梡圓闊五寸三分深二寸五分
柄長三寸連柄高五寸五分內深凈似釜必磨研十分正
光滑以梡骨外置瓦盆梡上須置瓦筒梡上須梡心正
對碗頭碗口緣塗些蓋汁急手掃煙若煙槐油污
內外皆便拭凈倘污煤不堪用矣

油餞

用壯厚缸沙油餞闊四寸半平穩闊足窆水道
滿者以薄甎襯高頂放水盆內低盆口三分不
宜太低：則煙飛散拘取不住得煙少或置水
槽中點然若用過油餞內外不凈以竹箆子刮
之次以稻稈灰指擦若更不凈用刀鑷凈再以
水洗拭乾一法不用反擦置米飲中煮數沸刷
洗去其油膩

餞煤

應涼間毋近牆壁以傷濕氣用則旋取或以紙
糊篰藏之亦佳煙乃至輕之物切忌窗隙露隙
則飛揚滿室矣

杵搗

用青石臼一枚外不拘方圓內深圓光滑如釜檀木為杵長六
尺餘取槐透揉子鍋內蒸之搗之鍋中乘熱以杵按平徐二
人五杵搗之搗得成餅均勻今一半蒸一半搗候搗得熟
卻換出臼製中者搗再用一人以杵七百杵乘熱方可住搗
既剝粗出臼難搗得再以水少許於杵臼內乘熱搗為餘子
古語云搗多愈堅凶其法也出臼後乘熱搗為餘子
任意大小作劑劑之遲速則與硬難揉矣

基劑

用瓦甑或木甑蒸在鍋中底下水莫甑
布裹揉子入甑篾圍蓋之四圍毋得走氣猛火蒸之約十數沸
候乾內氣合匯上汗下如兩方可取出乘熱入臼杵搗蒸時不
可間斷火氣生熟不勻一劑必作三次搗換蒸之若杵後仍復
乾硬洒些藥汁再蒸或將下塊子停久浸硬鎚打不根搓搗不

浸油

古法惟用松燒煙麻子油燒煙衛人用皂青油蘇人用菜子油燒煙以上諸油俱可燒製但桐油得煙最多為墨色黑而光久則日黑一日每桐油十五斤得煙少為墨之淡而昏久則日淡一兩每麻油五斤先將蘇木二兩黃連一兩半麻油浸半月白芷半兩木鱉子仁六枚右剉碎入麻油內浸一兩黃連白芷檀香各一兩於去祖常以杖攪動臨燒時下鍋煎焦待冷濾餘仍傾入桐油攪勻燒之今時少有用此浸法者姑仍其古云

燈草

揀肥大黃色堅實燈草作九寸為段理去短瘦取首尾相傳者用十二莖以少綿纏定頭於粗板上以手搓捲成一條約實復以少綿纏定夏極熱時將去草兩莖只用十莖搓仍用十二莖則得煙雖多而不良候捲得四五百條方用蘇木濃汁煎燈草沸候紫色瀝出曬令極乾紙裹藏之毋令塵汚用則旋取

用藥

用藥之法非惟增光助色取香而已意在經久使膠力不敗墨色不退堅如犀石瑩潤豐膩理可愛此古人用藥之妙也藥有損有益須於其中調劑得宜如綠礬青黛作膠香之類青灰白煙不黑烏頭豬膽雞子青汁濃榴皮藤黃秦皮之屬藤黃秦皮真珠金箔白檀丁香龍腦麝香油煙色輕松用生漆烏頭白蠟紫草蘇木濃汁煎去渣用木賊漿時時少點紫汁墨色蒼黑而有神牛膠時陳久者好而色鮮好水陳久者色不敗膠得麝益其香不知為藥所敗不須犀角龍腦麝香惟須紫草蘇木濃汁浸至辰巳間帶天氣冷時入藥藏之時時攪動至清起去渣用膠調藥冷浸煙時濃時淡以意調之不須濃然欲墨之黑須藥色黑而減煙研之極細重湯煮化其黑有當也熟欲墨之淺好而減煙三須膠力不可全藉乎藥也

水盆

用圓厚瓦盆內潤二尺三寸緣三寸半底平緣近根開指大一家用瓦盆排抹轉盆中央置瓷盤以綿蓋以綿絮放水盆以煙薄盤七塊中間繞盤排轉盆中置薄瓦簡一個內潤六寸連其簡八寸低盆口三寸侵水簡中置瓷盤定燒之如盆口相連則煙內盤起油盆一隻扳去穀斗故以水侵冷水中以一瓶換油時去可道煙油盤一隻扳去穀斗故若水耗煙油之侵時去冷水取之如煙少但侵水冷則愈妙頻侵冷水不可忘緣浮則再用一法用杓平平中用長木架一瓶盆盛油倾入長木架一瓶盆盛油倾入固緣道莫令灣滿欲去盡緣板底之清水洗淨方可隨閣道放水內煙盞補放水內煙盞高三尺閣水盆高三尺燈油反軟一尺四寸深三寸半中用長木架一瓶七盆每閣用燈盞二十隻餘仍傾入木鱉子仁六枚右剉碎入麻油內浸燒法與水盆同亦有石內有槽者

燒煙

宜秋深冬初於明亮密室上置仰塵四面周密廳間一小門高限挂蘆帘盆盛水盆置四架住燒水滿盆瓶油盞於水架內掃煙一度明一度約去燈草剪去燈煤煙盞六七八盞毎日收煙盞多則煙薄如有風煙煙房不容得煙多每桐油一兩收煙八兩以至能息油一兩五錢掃煙一度則花草掃一度以鵝翎掃煙入瓦盆中綿掃煙入瓦盆中若煙房緊密不能起以布拭掃可併聚一器盆以空煙盞換冷水及減燈花則不用火三四粒以煙草減燈花為度毎桐油一兩掃煙八兩而煙入瓦盆內否則掃花單掃一兩二十餘度掃之餘二十餘度掃遍則滴煙中及紅破燈花則不用矣

搜煙

秤淨煙一斤於於白瓷盆置攪以取煮化膠和藥汁入熟以綿濾作球子中央有紋藥黏定隨時和搜入細砂狀宜聚乾勿濕拎作球子如盆底有紋藥黏定隨點細砂下劑極輭硬則爆製牛劑及有紋藥黏定隨搜和只劑宜輭硬難製當於正月二月三月九月十月一月為之餘月非病當於正月二月三月九月十月一月為之餘月非宜也

樣製

墨之式樣當取則於古人無大小厚薄之限蓋厚大難工薄小易故墨工不喜為厚大然亦不可太小而難以得色要之厚大難可貴若得其中也古墨形製多厚大難可貴若得其中也古墨形製多紋理可高其法秘而不傳鮮有知者故恐久後湮沒

水池

出灰

取墨出灰刷淨排細篩中陰眼一兩日候表裏微乾以蟲布擦頭浮煙硬刷蠟刷光為墨乾刷刷光澤有色末乾而刷則皮面灰色永刷不黑惟水洗研光者明亮如漆

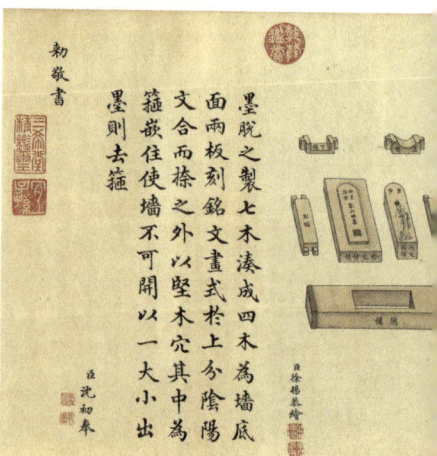

勅敬書

墨脱之製七木湊成四木為墻底面兩板刻銘文畫式枨上分陰陽文合而捺之外以堅木宊其中為菰嵌住使墻不可開以一大小出墨則去菰

臣沈初奉

臣徐揚恭繪

清　徐扬绘　沈初书　《墨法集要》图卷

《墨法集要》是关于油烟墨制造技法的专著。其内容将制墨各工序（浸油、水盆、油、烟椀、灯草、烧烟、筛烟、溶胶、用药、搜烟、蒸剂、杵捣、秤剂、锤炼、丸擀、样制、入灰、出灰、水池、研试、印脱）逐项解说，并配以插图。

秤劑

取出印成熟塊子置案上搓揉作長條濕布套裏納
溫暖籄中旋取出切為小塊秤架上每段秤準凡濕
劑重一兩四錢者乾之則得一兩餘者背做此秤之放
瓷瓶中濕布窨蓋或搯湯内逐塊取出鏈錬

鏈錬

用五人相次各備碾碓鐵鏈每人取劑一丸鐵鉗夾定於碓上鏈
二百餘下纛劑方成光劑再鏈二百餘下光劑始為硬劑再鏈二百
餘下硬劑方成熟劑與煞劑相似方可丸擀鏈時若乾燥黏杆略熱
些藥汁潤之古語云一鏈一折鬬手捷是此法也

丸擀

以鏈鋪成熟劑子於光滑硬木案上搏揉換逐塊旋入腦麝再
加搏揉打方成就為劑一氣搏得成就不熱則生
硬核或開裂猶如炭紋劑不重者須分作小塊再摶方可丸擀緩一擀一
凡印劑大難摶假如四兩重者須於作一塊搏揉各一搏一塊候摶
得熟就併作一塊搏得如摶子圓肩無痕寬習擀方以專搏

入灰

廥墨須用稻稈灰淋過者名曰敗灰其灰性淡無性不猛於日中
曬乾羅細如面以之木方盛以灰池不可四時天氣燥灰留底一
寸以上面灰用一寸以下灰要搗平不要搖實則灰損色一兔灰入濕
廥一每日一次換灰入一半乾灰一半舊灰不勻敗之若灰
紋每日一日換灰須淨使以腦麝之氣蒸發灰裏香之若風
吹眼則墨拘灰太頻灰亦太燥不乾始可出廥一免灰不可取見
風見風墨出灰太頻灰色終則灰此一免灰亦可乾出廥出灰
池中廥二屆四月五月六月七月可廥出廥日期八月九月十
月正月可廥三屆且如廥三屆又排廥三屆以下以此

鋪灰一寸可廥又廥一兩二錢者一日兩夜出灰秋夏廥則
月之後方可見風凡治造墨凡重墨宜用此法

煙墨以灰三屆乾二錢重者一日一夜出灰此大略如
此廥一屆灰鋪乾如前鋪平廥灰一屆又

研試

墨徐之上下直研自然無沫清徹若急：懈横亂研自然
生沫漬膩墨墨研之如研犀應墨研之如研泥尋陽冰云
用墨說研母令停久停久得塵埃相雜勝力竭七分泥不
任於筆矣無光之墨以紫光為上青光又次之白光又
為下不必良墨也凡墨紫光為上不可偏廢以青光又次
光不取也且黑光而無光者蓋黑溫敗之使然
非善者也其善者黑而有光而無漬是謂紫
光光者墨之絕品也以墨試墨不若以紙試墨又不若
指甲試者皆未善墨亦貴其黑而不取其
光：而不黑固為景物若黑而不光索然無神彩亦不取
用要使其光而不浮湛而有神乃為佳墨是謂天
用墨過使視乾免得蒸敗凡用墨須滴水研
墨入硯池攤水研也

印脫 附

搏板長一尺一寸濶三寸厚一寸字板
長廣不一隨墨之製雕字畫成文四周起二分許剗
如墨之製雕字畫成文大小中凸起二分許剗
板並要平正光滑以柬末為之以搏
板推擀成形製置字板上以搏板平二
許以墨模捺板亦如其凸起者而外無
餘木以入墻内捺板之厚薄視劑子多忩
下印之若造脫子大墨家難得劑子滿二
院内又難得賣頁用墨題林坐木詹墨

237

影响，很多制墨的工匠开始南迁，最后，他们在松林茂密、溪水澄澈的徽州地区安定了下来，随着他们的搬迁，制墨中心也跟着来到了南方。

徽墨制作

徽墨向来被赞为"一点如漆，万载存真"，徽墨之所以能成为墨中精品，是因为它有着复杂的制作工艺，主要制作过程就分为九步：

第一步在密闭的燃炉中，将松枝、桐油或油漆等烧制成烟灰，这一步叫炼烟；第二步是和胶，就是将烧好冷却的烟筛入缸中，然后倒入煎好的胶并搅拌，这一步中，胶的好坏直接关系到墨的质量；第三步是杵捣，需要反复将墨捣匀、捣透；第四步是成型，这一步很好理解，就是将墨装入模具中，挤压成为平整的墨锭；第五步和第六步分别是晾墨和锉边，晾墨就是把脱模后的墨晾干，之后再请修墨师傅修去边缘的余墨，让墨锭变得更加光滑的步骤就叫锉边；第七步是洗水，也就是洗去墨锭表面的尘土和杂质；第八步和第九步分别是填金和装潢，填金是用颜料描绘墨锭上的图案，装潢是为墨锭加上精美的包装。至此，一块制作精湛、品质上佳的徽墨便做好了。

因为在炼烟时用到的原料不同，所以，徽墨的品种非常多样，主要有漆烟、松烟、油烟、全烟、净烟、加香、减胶等，不同品种拥有自己不外传的独门秘籍，主要体现在桐油、生漆、胡麻油等原料的炼制、点烟、冷却、收集、储藏等方面，以及烟窑的建造，加热的火候、选胶、熬胶和配胶等方面，这些步骤上细微的不同，都会造成徽墨品质和特点的不同，让其拥有各异的特色，从而满足文人雅士的不同需求。

徽墨的传承

徽墨在数千年的发展中，能不被历史的洪流所淘汰，必然有着自己突出的特点。除制作工艺复杂外，造型美观也是它的一大特点，这主要是因为它所使用的墨模上有能工巧匠雕刻出的名人书画，明清时期这种墨模艺术也随之达到了巅峰，这让徽墨将绘画、书法、雕刻等艺术融合在了一起，使得它的造型更加美观，而这也增强了徽墨的观赏性和收藏价值，让它成为一件有综合意义的艺术品。

如今，徽墨已经成为我国传统制墨技艺中的典型代表，它凭借着精湛的制作技艺在我国制墨史上占据着极其重要的位置，徽墨的出现，对我国传统文化乃至世界文明都有着巨大的贡献。

徽墨对研究传统文化、传统艺术、传统手工技艺，均有着重要意义，2006年，徽墨制作技艺被获准列入我国国家级非物质文化遗产名录，但因为徽墨的制作工艺复杂，而且其中的个别工序还要用到秘而不宣的"秘技"，所以，徽墨制造技艺的传承有一定的困难。

宣纸——百道工序的"四宝之首"

　　造纸术是我国古代的四大发明之一，早在两千多年前的西汉时期，勤劳、聪慧的中华先民就已经开始将蚕茧漂洗之后留下的残絮晾干，作为书写工具。东汉时期，蔡伦又发明了以树皮、麻头、破布、旧渔网等为原料制作的纸张。随着造纸术的不断改进，人们的书写更加方便了，对推动人类的发展起到了至关重要的作用。

纸中之王

　　纸的出现，在一定程度上促进了人类社会的文化交流，对人类的发展起到了至关重要的作用。不过，虽然都是纸，但不同的制造方法所造出来的纸却存在着很大差异，在后世比较出名的纸张中，有薛涛纸、水纹纸、宣纸、澄心纸、谢公笺等，其中，宣纸被誉为"纸中之王""千年寿纸"。

　　宣纸生产于我国安徽省宣城市泾县，这里四季分明、气候温和、雨量充沛，非常适合青檀树和长杆水稻的生长，而青檀树和长杆水稻都是制造纸张的优质原料。

　　宋末元初时，有一个姓曹的家族来到了泾县小岭地区，他们以青檀皮为原料制作纸张，并以此谋生。后来，他们成为制纸行业中的优秀代表，将宣纸的名声传扬了出去，最终使宣纸成为笔墨纸砚"文房四宝"中的标志性纸张。

　　可其实，早在唐朝时期，宣纸就已经被大量用于书画了，而且在唐朝天宝年间，当时的宣城还向长安进贡过纸笔，可见，在唐朝时期，宣纸已经非常有名了。

　　到了元朝时期，随着文人画的空前发展，正式迎来了"书画两开花"的时代。在这样的背景下，宣纸自然也得到了更大的发展，其制作技艺也逐渐走向成熟。在之后的明朝时期，甚至还出现了专门由皇室监制的宣纸，这种制作精良的"皇家宣纸"备受文人墨客的喜爱与推崇。

一张宣纸，百道工序

宣纸作为我国传统手工纸品的杰出代表，被视为"文房四宝之首"。它拥有耐久性强，不易变色老化，以及少有虫蛀等特点。同时，宣纸的纸张不但光洁细密，而且还纹理清晰，兼具绵软与韧性，不管是书写，还是画画，吸水润墨效果都很好，层次分明，落笔即成，就连著名作家郭沫若也评价它是"中国劳动人民所发明的艺术创造，中国书法和绘画离了它便无从表达艺术的妙味"。

宣纸有如此优秀的品质，与它复杂、精细的制作工艺是分不开的，整个生产过程需要一百多道工序，而要掌握这一套复杂的工艺，除了潜心跟着造纸师傅勤奋学习外，还需要长期实践和反复琢磨。

在制作宣纸之前，需要进行以乔木、青檀皮为原料的皮料制作工序，和以沙田稻草为原料的草料制作工序，这两道工序分别制作皮料浆和草料浆，为之后的工序做准备。别看只是两道工序，这两道工序中包含着剥皮、采皮、摊晒、洗皮、漂白、选草、切草、捣草、蒸煮等五十多道烦琐的步骤。如此看来，想

宣纸

宣纸"始于唐代、产于泾县"，因唐代泾县隶属宣州管辖，故因地得名宣纸，迄今已有一千五百余年历史。

清　蒋友仁（法国）　《中华造纸艺术画谱》

图绘搅拌竹浆、裁切和规整环节。竹浆沤烂之后，再将草木灰加入其中，搅拌均匀。晾干之后的宣纸按照需要，将其剪裁成规格大小不同的纸张。

要生产出合格的制纸浆料非常不容易。

接下来，造纸师傅需要将檀皮纤维料和草纤维料，按照所生产纸张的类型，进行不同比例的配制，然后再将配好的原料进行筛选、打匀、洗涤等混合成纸浆。随后，师傅需要向纸浆里添加适量的水和猕猴桃藤枝的胶，经过捞纸、压榨、焙纸工序后，才能制成宣纸的原纸。因为宣纸对品质要求极高，所以，还需要对这些成型的原纸进行挑选，选择合格的纸张，剪去毛边，再进行印刷、过矾、打磨、包装等，最终制成优质的宣纸。

宣纸工艺的传承

宣纸作为已经传承了上千年的传统手工技艺，哪怕是在机器化生产日趋完善的今天，它的制作过程仍不能被机器完全替代。其中的制作打磨工作还是需要手艺人亲自操作，不过也正是因为这样，这一制作技艺才需要被传承下去。

每一张精美的宣纸，都经历了手工制作人在漫长岁月中不断的探索和实践，它是一代代劳动人民汗水与智慧的结晶，具有珍贵的文化价值和历史价值，是我国宝贵的非物质文化遗产。

可现如今，青檀树和长杆水稻种植的经济效益并不理想，所以，种植这两种作物的农户越来越少，宣纸的原料采集正面临着严重的危机。另外，因为制作宣纸时需要身处"水深火热"的艰苦工作环境中，所以，愿意从事这项工艺的年轻人也越来越少，宣纸制作工艺的传承问题着实令人担忧。

2006 年，宣纸制作技艺被正式列入联合国人类非物质文化遗产名录，党和政府以此为契机，制定了一系列相关政策，力争做到"保护为主、抢救第一、合理利用、传承发展"。相信在未来的日子里，一定会有更多的人加入宣纸制作技艺的传承和发扬中来，让这项珍贵的传统技艺得到更好的传播与发展。

贺兰砚制作技艺——"一端二歙三贺兰"

东汉著名训诂学家刘熙，在《释名》中写道："砚者研也，可研墨使和濡也。"砚台作为我国传统的"文房四宝"之一，是古人书写和绘画的常用工具。

一方小砚台

墨问世以后，用来盛装它的容器——砚台，便应运而生了。我们常见的砚台通体都为黑色，所以，很多人会误以为砚台可以磨出墨汁，但实际上，砚台只有装墨汁和研磨模块、墨锭的作用，因为最初的砚台，都是由石头打造制作的，例如，广东端州的端砚、安徽歙州的歙砚、山东青州的红丝砚、甘肃临洮的洮砚，以及松花砚、砣矶砚、菊花石砚等都是较为出名的石砚。

不过，后来也出现了玉砚、瓦砚、铁砚、象牙砚、竹砚、木砚、泥砚等，这些砚除了制作材料发生变化外，砚台的造型也在发生变化。

早在原始社会就已经出现了研磨器，到了汉代时，因为人工墨品广泛投入使用，所以，人们对研磨器的要求也开始提高，于是，这一时期便出现了符合当时的人审美的砚台，这些砚台样式各有不同，有雕刻花纹的，有带石盖的，有的砚台底部还有支撑的"脚"。

到了魏晋时期，人们的审美又发生了变化，出现了圆形的瓷砚。到唐代时，一种形状像簸箕的砚台开始引领时尚潮流。就这样，经过长时间的发展和演变，砚台的造型丰富多样，这让它逐渐从日常实用品向兼具雕刻和绘画艺术的精美工艺品转变。

一方小小的砚台，浓缩着各个朝代的历史、文化、经济和艺术审美等内容，拥有着独特的收藏价值，刻砚、赏砚等活动，深受文人墨客的喜爱。

贺兰砚

贺兰石结构均匀，质地细腻，刚柔相宜，是一种十分难得的石料。用其刻制的贺兰砚，具有发墨、存墨、护毫、耐用的优点。

银川贺兰砚

其实，不论是什么样的砚台，都是始于文人、工匠的大胆创新与尝试，所以，每一种精美、奇特的文房用品都是珍贵的宝藏。在砚台"众宝"中，产于宁夏银川的贺兰砚，便是最为珍贵的传统手工砚台之一。贺兰砚因产于贺兰山小滚钟口而得名。

在民间传说中，贺兰砚的产生与蒙恬制笔有关。相传，秦始皇手下的大将军蒙恬，曾率兵十万在宁夏等地的黄河两岸驻扎，为了方便书写军中文书，他便制造出了"秦笔"，而贺兰砚也随之配套产生。

但如今我们能见到的关于贺兰石砚最早的记载，是乾隆年间的《宁夏府志》："笔架山在贺兰山小滚钟口，三峰矗立，宛如笔架，下出紫石可为砚，俗呼贺兰端。"从这里开采的贺兰石呈现出天然的豆绿色和深紫色，是宁夏五宝之一，而且，因为它有结构细密，质地盈润，易于发墨且少有损耗的特点，所以，贺兰砚便成了一种名贵的砚台。除此之外，贺兰石还常有玉带、云纹、

246

清 钱慧安 《烹茶洗砚图》

此图人物线条尖细挺劲，转折硬健，师法陈洪绶而不受其囿，其技法已臻纯熟，仪容文雅，设色清淡。

247

石眼、眉子、银线等天然特色，所以，制砚艺人还会在雕刻花样时利用这些花纹，让贺兰砚的样式俏丽、独特。

贺兰砚的制作工艺十分复杂。首先，要到贺兰山上进行人工采石，然后，要从中选择外观和材质好的石头；接着，需要对石料进行构图和切割，在尽可能不浪费的前提下，将其切成理想的大小和形状；之后就到了"因石构图，因材施艺"的步骤，这一步尤其要注意石头上天然的花纹，要尽量保留它的原始美感，减少人工雕琢的痕迹；下一步，就由制砚艺人根据石头上勾勒出的纹样初稿进行细雕，这不但对他们的图案精确度和工具熟练度有很高要求，而且，在雕刻时他们要全神贯注；贺兰砚的最后一道制作程序是抛光，将粗糙的地方打磨得平整、圆润、光亮，之后通过打蜡等手段达到保养的目的。

贺兰砚工艺传承

贺兰砚复杂的制作工艺造就了它的实用价值和艺术价值，正是这种严谨的制砚态度，让其至今仍旧备受推崇与喜爱。在清朝末年时，文人圈子里甚至出现了"一端二歙三贺兰"的说法，将贺兰砚与天下第一的端砚放在同一个高度。

贺兰砚是我国砚文化的重要组成部分，承载着深厚的民族历史与民族文化。如今，贺兰砚不仅是书房中的精美文具，也是具有收藏价值的工艺品，是宁夏旅游形象的代言物品之一，具有深远的历史意义、文化价值和经济意义。

景德镇制瓷技艺——工匠传承的民族智慧

瓷器是我国古代的一项伟大发明。在英文中，将"瓷器"的首字母大写就是"中国"，可见，世界瓷器看中国，而中国瓷器要看景德镇，景德镇是中国的瓷器之都，它的制瓷历史源远流长，制瓷技艺博大精深，曾为皇室制瓷九百余年，景德镇瓷器是不可多得的艺术品。

"瓷都"景德镇

提到传统瓷器，想必大多数人首先会想到景德镇。景德镇位于江西省东北部，是最早开始发展瓷业的城市之一，这里的瓷业建筑和制作技术都堪称一绝，景德镇被誉为"瓷都"。

其实，在汉朝时期，景德镇主要生产陶器，但到了五代，景德镇开始生产出大量的瓷器，发展到宋代，更是呈现出"村村窑火，户户陶埏"的壮观景象。毫不夸张地说，景德镇烧制瓷器的窑火，千年以来就没有熄灭过，制瓷习俗已经成了景德镇历史文化的重要组成部分。

我国古代瓷器的经典之色是青色，在北宋的时候，景德镇瓷窑就仿造青白玉的色调和质感，创造性地烧制出一种质地轻薄细腻、颜色素雅滋润的青白瓷。不仅如此，他们还在青白瓷上的里面和外面都绘上暗刻花纹，非常典雅美观。这种青白瓷一经问世，就掀起了一股热潮，景德镇在造瓷行业获得了一席之地。

元代时期，这里的匠人又接连烧制出了精美的白瓷、青花瓷、釉里红、青花釉里红等新种瓷器，把瓷器装饰推进釉下彩新时代，彰显中国瓷器鲜明特色和美感的"青花瑞兽纹盘"，也让景德镇在世界制瓷业遥遥领先。

南宋　景德镇窑　印花博古花卉碗

全器釉色青白透光，积釉作湖水碧，为景德镇系作品。

元　景德镇窑　霁青盘

此盘属于高温钴蓝釉瓷器，是明代霁蓝釉的前身。

清　景德镇窑　青瓷云龙纹瓶

外壁纹饰系以"减地"技法雕刻而成，具有浅浮雕的装饰效果，纹样生动而气势恢宏，极具艺术感染力。

清　景德镇窑　黄地粉彩福寿花盆

花盆的沿边分别装饰蓝地黑线"万"字纹及如意云纹，纹饰充满"万福捧寿"的吉祥画面。

明清时期，景德镇制瓷技艺得到了进一步的发展，随着官窑和民窑的数量越来越多，规模越来越大，技艺越来越细腻，景德镇瓷器的品种也逐渐丰富，造型和装饰也更加美观和富有艺术性。这些成就让景德镇瓷器的发展走到了鼎盛时期，成为全国的制瓷中心。

"挑大梁"的景德瓷

景德镇的制瓷业在千年的发展历程中，吸收了历代名窑和各地技艺中的精华，逐渐形成了品种齐全、技艺精湛、影响广泛、水平高超的手工制瓷生产体系，这让景德镇制瓷业成为我国陶瓷工艺的标杆。

如今，景德镇瓷器的名声已经享誉海内外，在花样种类繁多的瓷器中，素净典雅的青花瓷，明净剔透的玲珑瓷，明艳华丽的粉彩瓷，丰富缤纷的彩色釉瓷，被合称为"景德镇传统四大名瓷"，它们"白如玉，明如镜，薄如纸，声如磬"的精美品质，无疑是手工艺术宝库中的珍贵财富。

景德镇制瓷技艺，即使发展到了今天，仍然无法用现代化的机器代替手工制造，所以，对工匠的专业能力有很高的要求。景德镇瓷器的制造过程，分工非常细致、专业，需要经过采矿、淘洗、制坯、练泥、陈腐、拉坯、利坯、画坯、施釉、烧窑、画红、烧炉、选瓷、包装等环环相扣的多道工序。其中，拉坯、利坯、画坯、施釉、烧窑为制作过程中的五大核心工艺。

第一，拉坯，也可以叫作坯，这是制作瓷器雏形的阶段，需要将特殊的泥料放在坯车上，用轮制成型的方法做成规定的形状和尺寸；第二，利坯，是将不平整的粗坯进行旋削，让它达到厚度适当、内外一致的样式。

在这两步之后就可以画坯了，工匠们会用青花料在坯胎上绘画、写字，完成图案后，用蘸、浇、涂、荡、吹等方式，在器坯内外涂一层玻璃质釉，让瓷器看起来更加光洁润泽，这一步就叫施釉；而烧窑是成瓷关键的一道工序，装有成坯的匣钵会被放在窑床上经过溜火、紧火、净火三个阶段，这个阶段是在一千三百摄氏度左右的温度下完成的，而且时间长达一天一夜。

景德镇制瓷技艺的传承

景德镇市作为有"五方杂处""十八省码头"之称的陶瓷大都会，为瓷器行业的发展与传承做出了巨大的贡献。时至今日，景德镇窑场的组织分工已经相当完备，不但具有制坯行业的各种作坊，而且，其门类还非常齐全，可以说是一座大型的手工坊。专业的手工匠师傅们对于瓷坯的把握严谨而具有创造性。这是因为，他们捏制手法的力度和对整体结构的把握，是从长期的经验中积累而来的。

2006 年，景德镇手工制瓷技艺成功入选国家级非物质文化遗产名录。但随着经济的发展和机械化生产的普及，景德镇传统制瓷技艺面临着极大的冲击，一部分制瓷手工艺正在流失和消亡，这项凝聚了千百年来无数制瓷工匠集体智慧而且具有极高人文艺术价值的工艺技术，值得被重视和挽救。

蜀锦织造技艺——机杼上的经纬编织

　　蜀锦，是指四川省成都地区织造的花锦，早在两千多年前的春秋战国时期，成都就已经有手工织锦的文字记载了，这是一种具有鲜明汉民族特色和地方风格的多彩织锦，它与宋锦、云锦、壮锦，并称为"中国四大名锦"。

四川蜀锦

　　四川省在古时候被称为"蜀"，而蜀地正是我国丝绸文化的发源地之一。蜀地是最早兴起桑蚕丝绸行业的地区，因此，蜀锦的历史十分悠久，对后世的丝绸文化有着很深的影响。

　　早在战国时期，蜀锦就已经是当时非常重要的贸易品了。2013 年，在成都老关山的汉墓中出土了四部蜀锦提花织机模型（这是世界上最早的提花机模型），说明在秦汉末年时，蜀锦就已经可以大批量生产了，而且因为蜀锦花色多、用途多，所以在当时的全国各地都很热销。

　　唐朝时，人们对漂亮服装的需求日益增多，这也大大促进了蜀锦织造技术的发展，出现了团花纹锦、赤狮凤纹蜀江锦等多种样式，还从唐朝时期流传到了今天。到了北宋时期，朝廷在成都设立了制造蜀锦的官方作坊——锦院。而元代时，蜀锦的样式更加精美，而且应用也更为广泛。清代以后，蜀锦因为受到江南织锦的影响，不仅品种愈加丰富，织造方式也更加独特。

　　说到锦布，不得不提织布机，蜀锦在唐代以前主要使用多综多蹑的纹织机，唐宋以后使用束综提花的花楼织机较多，现代的蜀锦织造则是使用分条整经的方式，这样织出来的蜀锦质地坚韧、色彩典雅、图案复杂，有非常鲜明的民族特色和地方特色。

一片蜀锦，万千工艺

蜀锦的传统品类很丰富，主要有雨丝锦、方方锦、浣花锦、铺地锦、散花锦、民族锦、彩晕锦等。在不同的朝代，蜀锦的花纹也各有不同，而这些花纹样式都和当时的历史背景有着很大的联系。

蜀锦的绣制图案丰富繁杂，常见的有蝶舞花丛、莲池鸳鸯、牡丹梅竹、游龙画凤、瑞草云鹤、五谷丰登、望江楼、百花潭、天安门、"万"字、"寿"字等样式。不论是什么品类和图案的蜀锦，制作工艺都需要做到精益求精。

要完成一件精美的蜀锦作品，往往要经过初稿设计、定稿、点意匠、挑花结本、装机、织造等几个重要程序，每一道程序背后都蕴藏着独特的手法和技艺。而制造就是所有程序中最为重要和困难的一步，因为，执行这一步的织工必须要掌握专业的织造技能。

蜀锦服

蜀锦传统手工织锦即是用传统的蜀锦花楼织机，以传统手工技艺而织成的锦缎。

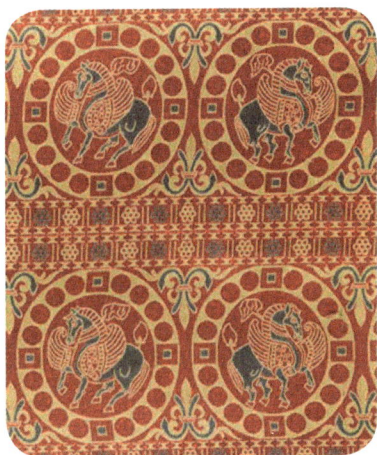

蜀锦纹饰

想要学习手工织锦，第一道关卡就是打结，这也是织工的基本技能，织造艺人需要在一分钟内，用极细的丝线打出十二个看不出的小结，才算及格。

第二道关卡是打竿儿，织工要左手拽着线前后运动，同时右手转动纺轮，打出不同股数的纬线，这十分考验身体的协调性。

第三道关卡是拉花，是要织造艺人在上万根丝线中提起经线，这对力量和时机都有严格要求。

第四道关卡是投梭，则要求纺织者灵活控制脚竿，将综框轮流升降，双手投梭，每一梭都要用扣压纬。

以上所说的这些都还只是织造的基本技能，在真正的织锦过程中，织造艺人需要对织机结构充分熟悉，并在手、脚、眼、耳并用的情况下，保持身体的协调性，长时间地重复织锦动作，最终才能制成精美绝伦的蜀锦。

蜀锦技艺的传承

蜀锦是我国传统丝织工艺品，也是成都的标志性物品之一，成都因蜀锦而拥有了"锦城""锦官城"的称呼，不仅如此，环绕这座城市的岷江也被誉为"锦江"。

蜀锦织品所用的都是天然材质，每一件成品都是利用传统织机手工打造的，这门技艺，除了老师傅们的口传心授，还需要学习者进行长期的实践与磨炼。利用高超技艺所织出的蜀锦图案繁复清晰、配色丰富典雅，具有独特的艺术价值和收藏价值。

2006 年，蜀锦织造技艺经国务院批准被列入第一批国家级非物质文化遗产名录，"凡锦样必有寓意"，可见，蕴藏着千年匠人精神的蜀锦中，还包含着蜀地人民对生活的美好愿景与祝福。

蜀锦在很早以前便已销往全国各地，作为文化和贸易交流的载体见证着丝绸之路的发展，它在经济发展、艺术交流、社会稳定和民族团结等多个方面都有杰出的贡献。

茅台酒酿制技艺——走过丝绸之路的文化遗产

　　酒，是人类生活中的重要饮品，在中国有着悠久的历史与丰富的品种。中国的酒，早在远古时期便已经存在了，不过那个时候的酒，大多都是自然发酵的果酒，味道清甜，酿造过程简单，酒精度数也很低。大约在三千年前的商周时代，聪明的中华先民发明了酒曲复式发酵法，开始大量酿造黄酒，从而推动了中国制酒业的发展与壮大。

中华酒文化

　　作为中国人，要说出几个喜欢喝酒的古代名人一定不是难事，基本都能说出李白和陶渊明。中国人自古以来便喜爱饮酒，并因此形成了独特的酒文化，这种"爱好"刻在了中华五千年的文明史中，不论吟诗作对、设宴欢庆，还是行兵打仗，都离不开美酒的陪伴。

　　在古诗词中，既有"明月几时有，把酒问青天""花间一壶酒，独酌无相亲"的绵绵情意，又有"中军置酒饮归客，胡琴琵琶与羌笛""醉卧沙场君莫笑，古来征战几人回"的豪迈壮阔，可见，酒在中国文化、艺术、娱乐、饮食、养生等方面都占据着重要的位置。

　　在我国的传统文化中，处处都能看到酒的影子，而且从古至今都是如此。比如，在端午节要喝"菖蒲酒"，重阳节要喝"菊花酒"，中秋节要喝"桂花酒"，至于过年的时候——那便是各种各样的"年酒"都会被端上桌。

　　除此之外，中国作为一个多民族国家，不同的民族也有自己不同的酒文化，酒被他们用于祭祀、敬老、宴请等，而且在饮酒的习俗上也各有不同。中国的酒文化不仅贯穿了我们的历史，还完美渗透进了每一个民族的传统中。

中国的酒主要是以粮食为原料酿制的，可见，酒的酿造其实是依附于农业而存在的，我国作为农业大国，农业的兴盛自然也在酿酒业的兴盛中得到了体现。我国酒的种类众多，酿造方式各不相同，山西汾阳的杏花村、四川的泸州老窖、广西桂林的三花酒、陕西凤翔的西凤酒等都是我国著名的酒种，但最为出名的还要数贵州的茅台酒。

"酒中名流"——茅台

茅台酒是贵州省遵义市仁怀市茅台镇的特产酒，在国内，它是我国大曲酱香型白酒的鼻祖，与五粮液系列、剑南春系列并称为中国三大名酒"茅五剑"；在国际上，则与苏格兰威士忌、法国科涅克白兰地并称世界三大蒸馏名酒。

茅台酒的历史非常悠久，相传在大禹时期，生活在贵州的濮人就已经会酿酒了。汉代时，茅台镇一带生产的酒叫"枸酱酒"，后来，这种酒被使者带回了长安，这让茅台酒走出了深山，成为宫廷贡品。

唐宋时期，茶马贸易兴起，茅台酒作为南丝绸之路的主要交易品，不仅远销缅甸、印度等东南亚地区，而且还受到了部分欧洲国家人民的喜爱。清代时，茅台镇酒业更为兴盛，"茅台春""茅台烧春""同沙茅台"等名声大噪，康熙四十二年，偈盛烧房将自己生产的酒正式定名为"茅台酒"。

后来，因为受到农民起义和太平天国运动的影响，茅台镇几乎变为废墟。直到清朝末年，才先后成立了成义酒坊、荣和烧房和恒兴酒厂，这三家私营酿酒坊在中华人民共和国成立后，正式合并为国营茅台酒厂。

茅台酒酿制技艺的传承

茅台酒在地理位置、气候条件和优质水源的共同作用下，历经酿酒人千百年的摸索与总结，逐渐拥有了酱香浓郁、入口绵柔、酒体淳厚、留香持久的口感特点，也积淀出了一套独特的传统酿造技艺。

茅台酒酿制技艺的特点可以概括为"三高""三长"和季节性生产。"三高"即茅台酒的酿制需要高温制曲、高温堆积发酵、高温蒸馏；"三长"则指

明　丁云鹏　《漉酒图》

图绘雅士旁的童子正在倾醅漉糟，二人围于酒罐周围，蹲着的一位童子正端着酒器，另一位半弯着腰的童子正忙于斟酒。

基酒生产周期长、大曲储存时间长和酒龄长；季节性生产则表现在茅台酒必须要在端午节时踩曲，重阳节时进行两次投料。

在茅台酒酿造期间，要历经九次蒸煮、八次摊晾，以及七次取酒，历经一年的生产周期，才能将酱香、醇甜香、窖底香这三种典型体基酒贮存于陶坛中。之后再将不同轮次、典型体、酒度、酒龄的基酒勾兑，并贮存在陶坛中。五年之后，才能将检验合格的酒用不透明容器包装出厂。而这讲究、严谨的酿制技艺，正是茅台酒经久不衰并深受人们喜爱的秘诀。茅台酒的这套酿制技艺至今仍在沿用，其中蕴藏着顺应自然的和谐观念，包含着传统思想中天长地久的民族文化，反映着当地人的生活习俗，具有极大的研究价值和历史意义。

2006年，茅台酒酿制技艺被列入国家级非物质文化遗产名录，它是我国历经千年传承下来的宝贵财富，白酒界专家称它是"最独特的大曲酱香型酿酒工艺，人类将微生物应用于酿造领域的典范"。

武夷岩茶制作技艺——精湛的制茶"绝技"

中国作为茶的故乡，若从神农时代算起已经有四千七百多年的历史。中国人民在饮茶方面，经过漫长的发展，积淀了大量的物质文化和精神文化。

武夷岩茶

武夷山市在我国福建省的西北部，有着"中国茶艺艺术之乡"的美誉。这里的茶树种植行业非常繁荣，因为武夷山市地貌多样，气候温暖湿润，四季分明，光照充足，水量充沛。可以说，这里的天然条件非常适合茶树生长，而武夷山的许多茶树品种，也在自然生长过程中完成了杂交重组，在人工选育的帮助下，产生了很多的优良茶品，武夷岩茶便是这些茶品中最为出名的品种之一。

武夷岩茶之所以叫"岩茶"，是因为这种茶树生长在武夷山的岩缝之中，是具有"岩骨花香"特征的高品质乌龙茶。它的叶端扭曲，形状看着很像蜻蜓的脑袋，铁青色的叶子在浸泡后会呈现淡褐色，而且还具有甘甜、清香的口感，我国著名的传统名茶大红袍，就是属于这一类别。

武夷山市有悠久的制茶历史，最早可以追溯到两千多年前的汉朝时期，那时候汉武帝曾收到大臣进贡的武夷茶，他品尝后对这种茶大加赞赏。唐

大红袍

清 佚名 《武夷山十八景图》（局部）

图中以山水画笔触将武夷山一带的形胜细腻描绘，各项动态、静态的描绘，流畅生动，宛如一幅山水行舟图。

朝时期，武夷茶被奉为珍宝，当时的员外孙樵还将武夷茶拟人称为"晚甘侯"。到了宋代，中国制茶技艺飞速发展，饮茶风气非常流行，而武夷茶作为北苑贡茶的一种，深受王公贵族的喜爱。

到了元代，朝廷为了监制贡茶，还特地在武夷山设置了"御茶园"，这一举动再次扩大了武夷茶的影响力。明朝时期，朱元璋下令改制芽茶进贡，贡茶逐渐向炒青绿茶转变，于是在明末清初时，就出现了如今我们所知道的乌龙茶。清朝时，武夷岩茶得到了全面发展，而武夷山市也因此被誉为岩茶的故乡。

武夷岩茶的制作工艺

武夷岩茶能拥有独特的香气和优秀品质，离不开它精湛的制作工艺。武夷岩茶的制作工艺可以用"承前启后"来形容，因为它既吸取了炒青绿茶、小种红茶制法的精华，又在色香味方面兼有红茶、绿茶的优点，形成了兼具绿茶清香和红茶甘醇的独特茶种。

武夷岩茶的制作过程非常复杂，要花费很长的时间才能完成，它的工序之间环环相扣，缺一不可，一共要经过采茶、萎凋、做青、炒青与揉捻、初焙、扬簸、晾索、拣剔、复焙、团包、补火、装箱等多个工序，其中萎凋、做青、炒青等工序最为特别。

萎凋是岩茶香味形成的基础工艺，这一步就是蒸发水分和软化叶片，叶片的处理是否得当，直接关系着茶叶品质的优劣。茶青在进入茶厂后，需要工人将叶片抖开，并均匀地摊在水筛中，随后在晒青架上晒，叶片渐呈萎缩和凋零之后，再移到室内架子上进行"晾青"，之后还要再重复一次晒青、晾青的过程，完成两晒两晾，使叶片达到适宜的状态。

武夷岩茶的特别制作工序虽然有三步，但真正让它与普通茶之间产生区别的，还是要数做青和炒青两道工序。

武夷岩茶的制作"绝技"

因为操作难度比较大的关系，做青和炒青算得上是制作手工技艺中的两项

"绝技"。

做青是武夷岩茶特殊品质形成的关键，茶青要从散失水分、退青，再到走水、恢复弹性，这门绝技被称为"走水返阳"，有时需摇动，有时需静放。这一过程耗时长，要求高，操作细致，极为讲究，还要根据不同品种、气候、温度、湿度等，采用不同的措施，即"看天做青，看青做青"。

炒青则是要用高温大火，对茶青进行翻炒，炒到青叶绵软时，就趁热将其压在揉茶机中推拉，卷成条形。然后，再进行第二次炒青和揉捻，这一步能使岩茶的形状、香气和味道更加优越和持久。但完成这一步，武夷岩茶还没有达到可以售卖的水准，要摆上货架，还需要经过挑拣和烘焙等多道工序。

"两晒两晾""走水返阳""看天做青，看青做青""双炒双揉""低温久烘"等，都是武夷岩茶的制作绝技，不仅体现出制茶匠人细腻、精致的技术手法，也为其他品种的茶叶提供了一定的启发与经验，是我国传统茶叶中极为重要的制作技艺。这些独特工艺，是保证武夷岩茶品质与口感的关键。

另外，还有一件不得不提的事，因为台湾和大陆在制茶技艺和文化上有着频繁交流，所以，武夷岩茶与台湾乌龙茶有着千丝万缕的关系。由此可见，武夷岩茶在增强民族认同感和凝聚力、促进祖国统一等方面，也起到了不可小觑的积极作用。

第九章

传统医药

中医诊法——独具特色的"四诊"疗法

中国是医药文化发祥最早的国家之一，当文明的曙光照耀中华大地时，中医学便应运而生了。它最早可以追溯到原始社会，一直到前700年前的春秋战国时期，中医理论才基本形成，之后历代又对中医学进行不断的总结和发展。

中医之道

如果问与中医相对的是什么，很多人一定会不假思索地回答"西医"。但中医之所以叫中医，并不是为了和西方医疗进行区别，中医的"中"字，是取中和、调和之意，古典著作《易经》将世界上的万事万物都纳入了阴阳的"轨道"中，认为人偏向阴或偏向阳都是不好的，只有处在中间的位置才能取得平衡，而这也是万事万物最好的状态。

这种阴阳理论启发了我们国家的古代医学家们，于是，他们便有了这样一套说法：人偏阴或偏阳都会导致生病，只有让身体处于中间的阴阳平衡状态才能保持健康，百病全无，即中医里常讲的"持中守一而医百病"。

说到中医，就不得不提到一个我们很熟悉的战国人——扁鹊，他在中医阴阳调和理论的基础上，吸取了许多前人的经验，之后他又将自己得出的新理论进行归纳总结，并进行了一系列的"医学实验"，最终，提出了今天中医学界仍在沿用的"四诊"法。

《黄帝内经》作为现存最早的一部中医理论性经典著作，我们可以在书中看到对"四诊"疗法的详细描述，它是根据阴阳五行和脉象经络这两个理论来讲解的。此外，在《黄帝内经》中还说明了"四诊"疗法的运用原则，为"四诊"疗法在具体运用上提供了理论基础。可见，中医的所有内容绝不只是浮于表面，而是有丰富的内涵。

望、闻、问、切

"四诊"疗法，其实就是以中医理论为指导，合理运用望、闻、问、切四种方法来探求病因、分析病情病势，对疾病做出诊断，并为治疗提供依据。

望诊就是观察病人的各种外在表现来判断他体内可能发生的变化，包括望舌、望神、望色、望五官、望形态等。举几个例子：若病人的四

唐　甘伯宗　扁鹊像

此图选自明朝万历年间刻制的《药典导论》系列版画中的杰出医生和传奇中医创始人的木刻版画一卷序言《历代名医的画像和名字》。

清　佚名　外销画·郎中及各种药摊

中国外销画兴盛于18—19世纪，囊括了国内各类题材，是当时外国人了解中国的最佳途径，图中画的是中国郎中望闻问切的场景。

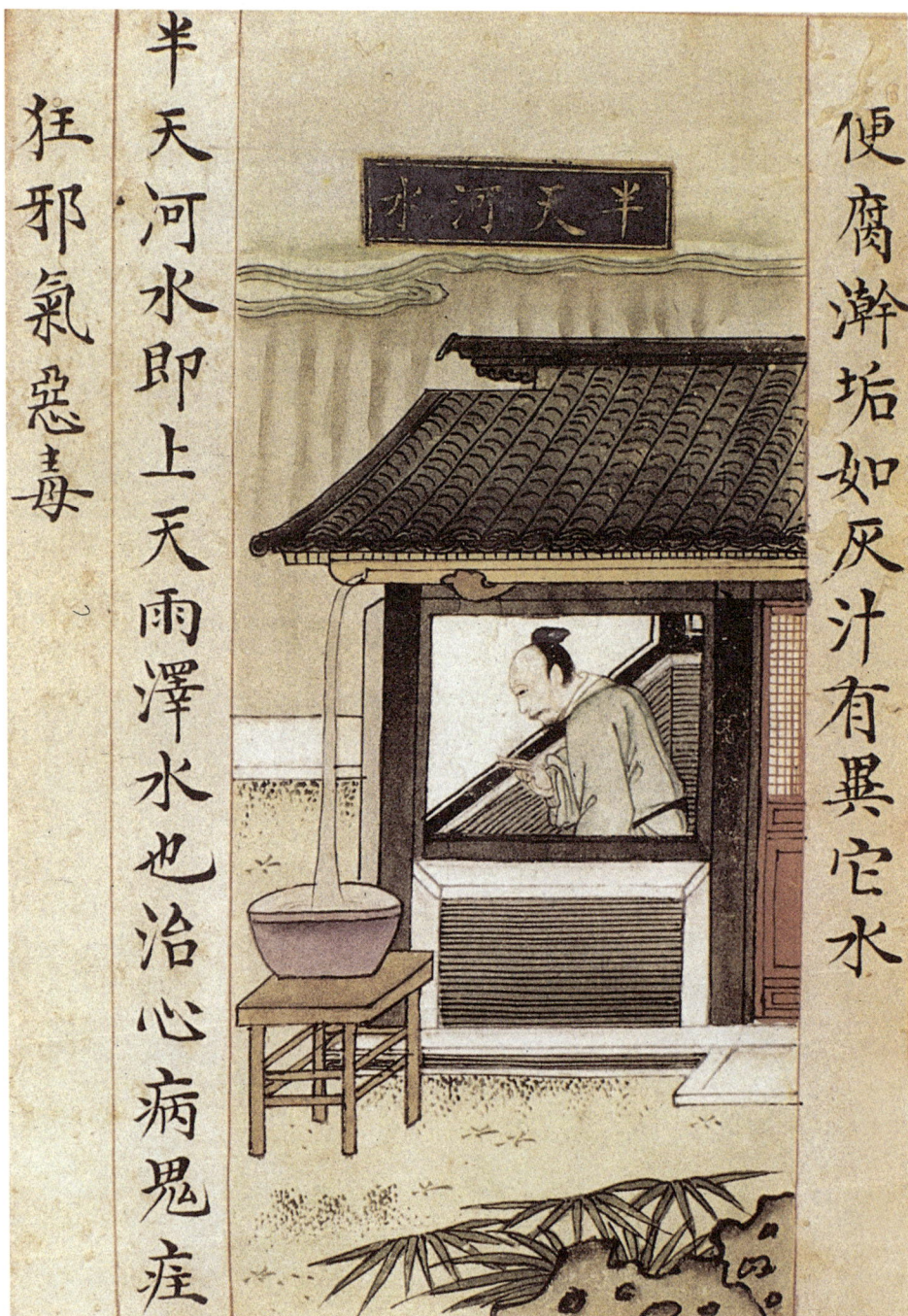

便腐瀚垢如灰汁有異官水

狂邪氣惡毒

半天河水即上天雨澤水也治心病鬼症

明代的饮食草药"半天河水"

这幅图画的是一个男人透过建筑物的窗户向外看，一边警惕地注视着一个水盆，一边从屋檐下的排水沟里取水。

肢颤动，就表明他元气很虚；若病人面部发黑，可能有寒症和瘀血；若面部发红，一般患有肺病；若面部发白，则多为气血不足。望诊，是中医疗法中最重要的一步，扁鹊把它列为"四诊"之首。

闻诊就是医生通过听或闻病人发出的声音和气味来诊断他们得了什么病。声音指病人的语言、呼吸、咳嗽等；气味则是病人的口气、体气和排泄物等异常气味。人的五脏六腑在活动时都会产生各种声音和气味，根据这些声音的不同，是能够分辨出人体的生理和病理变化的，所以，中医常把望诊和闻诊两种方法结合起来分析病情，这样可以提高判断的准确性。

问诊就是医生通过询问病人及病人家属，来了解病人所患的疾病症状、病后发展情况和治疗经过等，有些医生也会问到病人的日常生活、婚姻状况、工作环境、饮食嗜好等。问诊是医生全面了解病人病情的一种诊断方法，这对医生正确分析病情及合理进行医治很有帮助。

切诊包括脉诊和按诊，是医生用触觉手感，对病人的脉象或体表部位进行触摸、按压，从而了解病情的一种诊断方法。我们常说的"把脉"就是切诊，这也是中医诊治病情过程中最为重要的一环，医生通过用手指轻按病人腕部脉搏的跳动处，来感受脉位的深浅、搏动的快慢、强弱等情况，这是中医辨证的重要依据，也是中医的独特疗法之一。

中医的"四诊"疗法，经过千百年来的不断实践、总结和发展，已经形成了一套非常完备的诊断疾病的理论、方法和技术，时至今日我们依然在使用。

2006年，中医诊法被列入第一批国家级非物质文化遗产名录传统医药类，其作为中医特色诊病方法，体现了鲜明的中国传统文化和地域特征，蕴藏着深厚的科学与文化内涵。近年来，中医发挥的作用越来越大，影响远播海外，相信一定会有越来越多的人认可中医，中医也会继续为我们的医学发展贡献出力量。

中药炮制技术——源起于神农的药材加工技术

中药，是中医在预防和治疗疾病时所使用的独特药物，也是中医不同于其他医术的重要标志之一。中药的主要来源是植物、动物、矿物质等，尤其以植物的根、茎、叶、果居多。早在远古炎帝神农时期，我们的先祖就已经开始使用中药了，发展到今天，中医传统药材的资源已经多达万种。

中药炮制

中药的药材种类众多，如果将它们按照不同的组合方式进行配比，就可以制出数不清的方剂。对于病症，我们需要"对症下药"，不同的方剂，对应着治疗不同的疾病。

不同的方剂要用到不同形式、不同习性的药材，而这些药材绝对不是按照一定比例配好后，就能放在嘴里干嚼咽下的。它们需要通过特定的手段，根据药材本身的特质和性能，在中医理论的指导下进行加工，最后，它们才会变成可以吃下去的中药冲剂或者药片。

上面所提到的这个比较"麻烦"的加工过程，就是传统医药制备和提取的手段——中药炮制技术。在古时候，这项技术被人们叫作"炮炙""修治""修事"，并延续了上千年。而这项技术发明的目的，就是为了提高药效、降低药物毒性，让药品更加便于储存。因此，中药炮制技术可以算得上是中医临床用药中必不可少的一道工序。

不过，中药炮制技术并不是在短短的一朝一代就创造出来的，而是历代中医药学家在长期的诊断、治疗中逐渐积累和发展起来的，有着非常悠久的历史和丰富的内涵。

明　佚名　《补遗雷公炮制便览·受教图》

此图描绘的是雷公下跪接受黄帝授书、传医道的场景。这幅画的灵感来自《皇帝内经·素问》中雷公受教于黄帝的记载。

273

中药炮制小史

中国最早记载炮制中药的医方书是春秋战国时期的《五十二病方》，它介绍了净制、切制、火制、水制、水火共制等的具体操作方法，这就表示，在春秋战国时期，我国的中药炮制就已经形成了基础的体系。

秦汉时期的《黄帝内经》则是我国最早的医学典籍，这本书对中药炮制的目的和原则进行了初步确立，而且还记载了大量的炮制办法和炮制品；汉代的《神农本草经》和《伤寒杂病论》又提出了更多新的炮制方法，包括怎么去除药材毒性、怎么改变材料药性等，大大地丰富了中药炮制方法。

从秦汉到宋朝以前，出现了很多有价值的医学书籍，比如《肘后备急方》《本草经集注》《雷公炮炙论》《备急千金要方》《新修本草》《太平圣惠方》《太平惠民和剂局方》等，这些书的作者对中药炮制技术进行了归纳和完善，其中提到的净制、切制、干燥、水火、佐料等多种制法，在今天还在被广泛使用。

到了明朝，"重量级人物"李时珍及其大型药学著作《本草纲目》走进了人们的视野，他在书中记载了一千八百多种药物，其中记有炮制专目的药剂就有三百多条。李时珍先综合叙述了前人的炮制技法，然后增添了自己的操作经验，让炮制方法得到了进一步的发展。其中半夏、天南星、胆南星等多种制法，今天仍在使用。

清朝时期是炮制品种和技术扩大应用时期，《本草述》《修事指南》《本草纲目拾遗》《血证论》等著作，都对中药炮制技术有较大的贡献。

中药炮制技艺的传承

中华人民共和国成立后，散落民间各地的炮制技术和炮制经验得到了归纳整理，各省市还制定出了中药的炮制规范。为了方便管理，国家制定了中药炮制的相关通则，并出版了一些中药炮制专著，这些较为完整的文献资料，对炮制工艺的筛选优化、标准制定和原理研究提供了科学的理论依据，当然，也大大促进了中药炮制技术的研究与应用。

中药炮制是从神农时期发展而来的，到现在，已有清蒸、盐水煮、甘草煮、蜜炙、酥炙、浆水浸、酒浸、醋浸等多种技术了。这些制药技术有两个方面的意义：一方面，经过炮制的中药可以降低或消除药物的毒副作用，保证了临床用药的安全性；另一方面，有效提高了临床医疗的效果，根据患者的病因和身体状况，选用恰当的炮制品，能增强方剂准确、可靠的使用疗效。所以，中药炮制技术在中医理论和运用中有着非常重要的作用。

中药是我国传统医学中极为重要的一部分，而中药"饮片入药，生熟异治"的鲜明特色和优势，其实都来自中药的炮制技术。这是我国几千年来人民智慧和经验的结晶，是我国文化历史长河中的瑰宝，更是前人留下的宝贵非物质文化遗产，值得我们后人去保护和传承。

中医正骨疗法——三千年历史的独特体系

众所周知，我国古代主要是农业社会，人们在日常生活和劳作中，经常会出现骨伤。这是一种常见病和多发病，但由于当时的交通条件闭塞，医疗条件不足，一旦发生骨折，医治起来非常麻烦。于是，稍微大一点的城镇和村落，都会出现一两个从实践中摸索出的土医生，他们能够用一些特殊方法医治骨伤，这便是我国最早的中医正骨疗法。

中华治骨小史

中医正骨疗法这个称呼听上去很是"高端"，但其实它还有两个普通的名字——"伤科"和"骨伤科"，按字面意思来理解的话，正骨就是将"歪掉"的骨头恢复到原来的位置。正骨疗法有着悠久的历史，而且在我国的各地都有分布，而这，也让正骨疗法分为多种不同的流派。

关于外科医生治疗骨伤的最早记载，我们可以在《周礼·天官》里看到，这就说明，早在三千年前的周朝，我们国家就已经出现了专门治疗骨折的医生；随后，骨折的治疗方法在秦汉时期得到了进一步发展，并逐渐形成了一套治疗的基本理论和技术；秦汉时期的理论技术传承到唐代，出现了一部名叫《仙授理伤续断秘方》的医书，书中介绍了揣、摸、拨伸等正骨手法，这也是首次运用杠杆力学原理修复骨伤的手法，这种具有划时代意义的治疗方法对之后的正骨疗法产生了很大的影响。

之后，明朝时期出现了记述多种正骨手法的《正骨类要》和《证治准绳》，这两本书的特点是简明、实用；清朝时，由太医编修的《医宗金鉴》总结了前人的正骨经验，提出了摸、接、端、提、推、拿、按、摩正骨八法，中华人民

276

共和国成立后，中医和中西医结合的医务工作者，对这八法进行了科学研究，在改进完善后提出了新正骨八法。

新时代的新正骨疗法

新正骨疗法包括：手摸心会、拔伸牵引、旋转屈伸、提按端挤、摇摆触碰、夹挤分骨、折顶回旋、按摩推拿这八项内容。

手摸心会，就是指医生用手触摸骨折的部位，了解骨头在体内的具体移位情况，当然，现在可以结合X光片；拔伸牵引则是与患者的肌肉强度做"对抗"，通过牵引、拉伸等方式矫正缩短移位的肢体，让它恢复正常长度。

旋转屈伸主要用于矫正靠近关节部位，骨头折断处的旋转及畸形；提按端挤则可以纠正骨折的侧方移位；摇摆触碰多用于横断性及锯齿性骨折；当并列部位的骨头骨折导致侧方移位，这时候就可以用夹挤分骨的手法进行矫正；折顶回旋则适用于肌肉发达的患者，单靠牵引力量不能完全矫正时，用这种方法可以矫正横断或锯齿形骨折；按摩推拿是在患处复位后才使用的方法，医生通过轻揉骨折周围的软组织，来达到肌腱舒展通达、散瘀舒筋的作用。这八种手法灵活运用，再以小夹板在伤处固定，可以治愈大部分骨折和关节脱位。

中医正骨疗法是我国传统医学的重要组成部分，这一疗法在中医理论的基础上，对于人体骨骼的生理结构和骨伤的病理缘由有着独到的认识，在治疗中，还会将手法与药物结合起来，使治疗效果达到最好。同时，正骨术中用小夹板固定的方式也是中国首创，后来这种方法还被许多国家借鉴效仿。

正骨疗法的传承

随着社会的发展和学术交流的不断增加，如今中医正骨疗法已经趋向统一，但仍有一些手法和用药别具特色的地方伤科专家和伤科流派。比如：北京的宫廷正骨、罗氏正骨法，上海的石氏伤科疗法，河南和广东的平乐郭氏正骨法，山西的武氏正骨疗法等，这些都是今天仍在流传和使用的正骨疗法，而且深受当地民众的信赖。

中医正骨疗法是在长期的医疗实践中形成的，有一套中医独特的理论体系和完整的治疗方法，长期以来，为中华民族的医疗与健康贡献着巨大的力量。几千年发展下来，有些正骨手法存在于文献记载中，而有些手法只在民间口耳相传，尤其是在新时期社会高速发展和西医疗法的冲击下，很多医院已经舍弃了中医正骨疗法，传承中医正骨疗法的医院也举步维艰。中医正骨疗法如果就此中断，那一定会是中国乃至世界医学界的一项重大损失。

中医养生——《黄帝内经》中的"摄生"智慧

在我们的日常生活中，常常会提到"养生"一词，这里的养，是指调养和保养；生，则取生命、生存、生长之意。养生的原意，是指通过各种办法养护生命、增强体质、预防疾病、延年益寿的医学活动。在现代，更多是指人们根据生命自然规律主动进行身心调养的行为。

中医养生

我国最早的养生达人黄帝，据说活到了118岁，他的高寿在很大程度上支持了他的养生理念。我国最早的医学典籍《黄帝内经》中就记载道："上古之人，知其道者，法于阴阳，和于术数，食饮有节，起居有常，不妄作劳，故能形与神俱，而尽终其天年。"这句话的意思是说：人类的生命要合乎、顺应天道，讲究阴阳调和，做到饮食有节制，生活有规律，不能过度劳累，这样才能有健康的体魄和充足的精神，过好美好的一生。

这其中提到的"阴阳调和"就非常有中医的"味道"，可见，在中医的概念中，人体的调和与养护需要维持机体的"平衡"，除此之外，还要顺应机体生、长、壮、老的变化过程，这种中医养生还有另一个名字——"摄生"。

中医养生还认为，人之所以会生病，是因为人体的内外环境失调了，病因主要有三种：一种是外因，也就是自然界气候变化的影响，例如"春夏养阳，秋冬养阴"、早睡早起等都是针对外因的养生手段；第二种是内因，即身体自身调节功能的失常，这时要休养身体、适当锻炼、惜精固本，必要的时候还可以采取食疗或者其他医疗手段；第三种则是内外因共同作用的结果，在这种情况下，中医一般会采取针灸、推拿、药物等治疗手段来调节经络、气血、肺腑

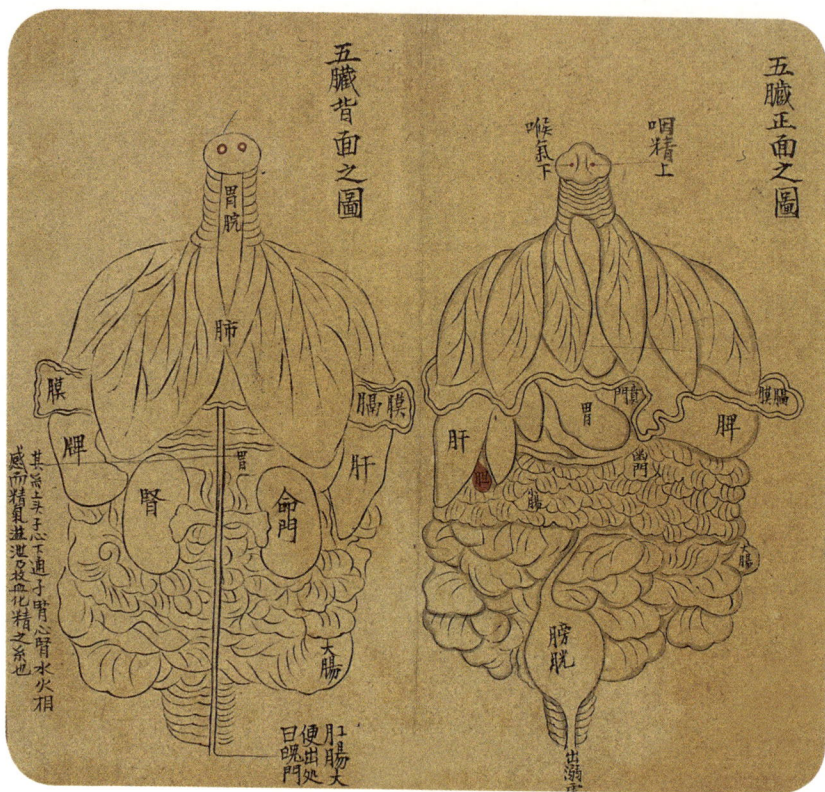

清代　佚名　以视觉方式表达《黄帝内经》

左图显示了从身体背面可见的器官，即肺、横膈膜、脾、胃、肝、肾、命门（右肾被认为是"生命之门"）、大肠。右图显示了从正面可见的器官，即横膈膜、脾、胃、肝、小肠、大肠、膀胱。

等，而且还要关注五神、五志的精神以及心理活动，以此来达到形神共养、内外兼修的治疗效果。

养生之道

其实，日常生活中的大多数人都不会将养生与中医联想到一起，因为现代人的养生大多都是早睡早起、吃健康食物以及服用保健品等，但实际上，养生是中医里的一项重要内容。

中医认为，养生的思想和行为应该贯穿人的一生，特别是要重视生病之前的保养、条理和预防。根据这一原则，不同地区的中医会根据所在地的自然气候和生活习惯，经过漫长的实践，总结出许多保健养生、调理身体和预防疾病的方法。

其中的中医传统导引法，就是中医养生的重要内容。所谓中医传统引导法，是指呼吸吐纳、俯仰屈伸、活动关节的呼吸运动和肢体运动，这种方法需要配合呼吸，用意念引导动作，类似于现在的气功或者体育形式，这种方法还有一个俗称，叫作医疗保健体操。

而医疗保健体操中，最著名的传统导引术有八段锦、五禽戏、易筋经等，中医养生认为这些方式有调营卫、消水谷、除风邪、益气血、疗百病、养形补神、延年益寿的功效。

另外，中医养生还与二十四节气有关。古代劳动人民在生活实践中总结出的二十四节气，其实就是以中医养生理论为依据的。不同的节气对应着不同的养生重点，比如：大寒要喝人参黄芪酒，要服杞菊地黄丸；立春要勤晒太阳，常吃葱姜蒜；立夏时节最宜养心，要早睡早起、适当运动、少食寒凉等。正如《黄帝内经》中所写，"智者之养神也，必顺四时而适寒暑"，主动适应自然规律，才能强身健体、不生疾病。

我国的中医养生中还有一个重要板块——药膳。比如：山西太原以羊肉、粮食和八种中草药为原料的八珍汤，经常食用可以舒筋活血、养心益肾、滋虚补亏；福建晋江以多种青草药精心炮制的灵源万应茶，具有疏风解表、祛痰利湿的功效，也是防暑降温的理想选择；福建永定的永定万应茶，对于饮食不调、消化不良、中暑、过敏、醉酒等，都能起到一定的治疗效果。

中医养生的传承

若从黄帝时期算起，我国绝对称得上是世界上最早关注养生的地方，在漫长的历史沉淀下，我国的中医养生便拥有了独特的见解与智慧。如今，随着经济的高速发展，自然环境遭到不同程度的破坏，人们也因快节奏的工作、生活方式，不自觉违背自然规律，饮食无节，起居无常，造成身体和心理处于亚健康状态，在这样的情况下，越来越多的人开始注重养生问题，因此，中医养生对生活在现代社会中的我们来说，有了更加重要的意义。

中医养生是中医的重要组成部分之一，同时也是我国的优秀传统文化。它对世界医学和文化都做出了很大的贡献，因此，传承和弘扬中医养生，对于促进人类健康长寿，推动生命科学全面发展，有着重要的意义与价值。

针灸——以针施疗的医学遗产

针灸是由我国古代劳动人民创造的医学手法,是传统中医的独特治疗方式,它凭借着悠久的历史和显著的疗效,享誉海内外,至今仍被广泛流传与使用。

针法与灸法

说到针灸一词,相信每一个中国人都不会感到陌生。不过,"针灸"在大多数人的认识中,其实是将针法和灸法混为了一谈。

针灸是针法和灸法的总称,其中,针法是指在中医理论知识的指导下,把针具按照一定的位置和角度准确刺入患者体内的治疗方法,而这个刺入点就是我们经常提到的穴位。之后,中医会通过捻转、提插等手法来刺激这个穴位,以此达到治疗疾病的效果。

而灸法则是用制好的灸炷或者灸草,在患者体表的穴位处进行烧灼、熏熨。这种方法就是利用热的刺激来预防或治疗疾病,我们常常听说的艾灸、隔药灸、柳条灸、桑枝灸都属于这一类。其实,不论是针法,还是灸法,都是具有鲜明民族文化特色的预防和治疗方式,当然,这两种方法也都是我国传统医学的重要组成部分。

针灸疗法传承

要说关于针灸的最早记载,应该是《黄帝内经》中的"藏寒生满病,其治宜灸",以及书中的一些针灸理论和技法。但其实早在战国之前,我国就已经开始运用针灸疗法了。传说在上古时期,伏羲发明了针,这一点可以在《山海经》的"有石如玉，可以为针"中得到证实。

而后，人们开始有意识地将石块磨制成适合的石针刺入身体，或者将石块磨锋利，然后切开感染化脓的伤处，在这个过程中，他们发现刺破身体的某些位置居然可以缓解疼痛，于是，这种磨制而成的石器就被称为砭石。在火投入使用后，人们又开始尝试用兽皮来包裹烧热的石块、砂土，然后把这些东西放在身体上进行局部热敷和热熨，渐渐地又发展为用艾叶之类的材料来进行灸治。

等到编写《黄帝内经》时，针灸疗法已经形成了比较完整的经络体系，它的《灵枢》篇也被称为《针经》（《黄帝内经》分为《灵枢》和《素问》两部分），其中对经脉、络脉、经筋、经别等经脉内容进行了介绍，对腧穴、针灸方法、适应症和禁忌症也做了详细的描述。后来，神医扁鹊又对这些内容进行了补充与完善，并在后世传播开来。

到了晋代，皇甫谧撰写了一部《针灸甲乙经》，里面论述了脏腑经络学说，还确定了 349 个穴位，介绍了针灸方法和常见病治疗，对针灸进行了全面总结；之后，唐朝的孙思邈在他的《千金要方》中绘制了彩色的"明堂三人图"，绘制了人体的腧穴排列次序；宋朝时，王惟一在编纂的《铜人腧穴针灸图经》中考证了 354 个穴位，并铸造了两具外刻经络腧穴、内置五脏六腑的铜人模型。

在后来的明清两代，针灸学得到了进一步的发展，《针灸大全》《针灸四书》《针灸聚英》《针灸大成》《医宗金鉴·针灸心法要诀》等著作，都是推动针灸理论及技术发展的"功臣"，这些书中总结出的治疗方法和临床经验，都是后世学习针灸的重要参考书。

非遗针灸

如今，我们都知道，刺激人体的特定部位会对人体产生特别的影响，而这些知识，其实都来自针灸在摸索与实践过程中的发现。针灸学者们根据这些发现，创造出了经络学说，最终形成了今天被广泛认可的奇经八脉、十四经脉、十五别络、十二经别、十二经筋、十二皮部、孙络、浮洛、361 个腧穴等经脉理论，并产生了一套中医治疗、预防、保养的方法和体系，这套体系在中医实践中被灵活运用，深受古今中外人士的认可与信赖。

2010 年，中国针灸入选联合国教科文组织人类非物质文化遗产代表作名录，针灸所产生的世界意义得到了认可。针灸作为宝贵的医学遗产，不仅拥有医学价值，它的身上还蕴藏着深厚的民族精神和文化内涵，凝聚着中华民族的伟大智慧与创造力。

针灸对于多种病症都有显著的治疗效果，而且，因为针灸具有操作方法简便易行，治疗费用亲民，副作用极少等优点，截至目前，这项医疗技术已经传播到世界上 140 多个国家和地区，可以说，中国针灸为保障全人类的生命健康做出了巨大贡献，是人类文明的宝贵财富。

藏医药——藏族人民历时千年的智慧结晶

在古代，深居于雪域高原的藏族人民，甚少有机会与中原地区开展贸易文化交流。这种封闭的状况让藏藏地区的发展在较长时间里落后于中原地区，但也为藏族文化赋予了较多的神秘性和独特性。藏医药便是在这种背景下，由藏族人民通过不断探索、实践创造而来的。

神秘的藏文化

藏族在我国大多分布在西藏自治区、青海、四川西部、云南迪庆藏族自治州、甘肃甘南藏族自治州等地区，在印度、不丹等国家也有所分布，是我国及南亚古老的民族之一。

藏族作为历史悠久、人口众多的民族，有着自己的语言文字和民族文化，在文学、戏剧、绘画、音乐、舞蹈、雕塑、建筑等方面，创造出不少优秀作品，为丰富人类文化遗产做出了极大贡献。

说起藏文化，"神秘"是不得不提的特征，走在藏地，可以看到各种图腾与文化符号，比如由太阳、月亮、火焰组成的"日月宝焰图"，又如由大象、猴子、山兔、白松鸡和一棵古树组成的"和气四瑞图"。这些图腾与文化符号寄寓着藏族人民美好的愿望，以期给那些虔诚祭拜的人带来安宁与祥和。

藏族人民的传统节日也多具有"神秘"特征，无论是多样化的起源，还是独具特色的祭拜活动，都体现了藏族文化的独特色彩。想要融入藏族人民的生活中，去体验一下他们的节日活动是再好不过的选择了。

藏族人民的饮食虽不"神秘"，但相对于其他地区的饮食，也算是独具特色。由牦牛奶制成的酸奶，用青稞炒制的糌粑，用酥油和浓茶做出的酥油

清　西藏金嵌松石珊瑚坛城

全器无论金属工的繁密或珊瑚、松绿石的质材，均属上乘之作。随附着此件坛城的还有一条白色织着暗花梵字的丝质长哈达，代表致赠者对受礼者的贺意与敬意。

茶……这些藏族美食可能不合其他地区人们的口味，但却是藏族人民在数千年生产生活中总结、积累而来的宝贵财富。

值得一提的是，世代生活在雪域高原上的藏族人民，在长期与恶劣的自然条件和各种疾病的抗争中，摸索、积累了大量治疗伤病的经验和技法，涌现出很多具有突出贡献的医学工作者，创造出了极具特色的藏族医药学，推动了人类医学的发展。

藏医药千年传承

藏医药作为中华医学宝库中的珍贵财富，传承至今已有两千余年的历史。据史料记载，前 200 年左右，当时的藏族名医已经通过以毒攻毒的理论，研制出药丸，治疗部分病症。4 世纪时，藏医已能采用寒病热治、热病寒治的医疗理论进行治疗。当时的著名藏医董格妥觉从父亲处学习了印度医学，使藏医理论和实践更为丰富，像他这样的医师，当时已经能够开刀动手术，并能在遇到传染疾病后，及时将病人隔离居住，充分证明那时较高的医疗水平和疾病预防水平。

7世纪，松赞干布基本统一了青藏高原，并与唐朝修好，迎娶文成公主入藏。文成公主携带的《医法大论》被翻译成藏文，成为藏族第一部汉医医典，后世将其精华部分收录于《四部医典》中，为藏医的发展做出了巨大贡献。8世纪初，唐朝金城公主携带多套医典嫁入西藏地区，由此翻译的《月王药诊》，是现存最早的藏医学著作。在赤松德赞时期，藏医药学得到空前发展，出现了"四方名医""远方九太医"等名家，其中，最为出名的宇妥宁玛·云丹贡布成就最高，他从民间收集了各种药方，又将中医、印度医生和尼泊尔医生请入藏地交流学习，并在此基础上，撰写出著名的藏医书籍《四部医典》，这标志着藏医药体系正式形成。随后，藏医药内容逐渐丰富，水平也不断提高，先后又出现了《四部医典释论·蓝琉璃》《医学概述》《根本续植株》《药草标本集要》等藏医药学的经典著作。

1951年，西藏和平解放，藏医药学的发展进入新阶段。如今，经过几十年的努力，原以培养医学生为主的藏医院，目前已成为拥有内科、外科、妇科、儿科、针灸科、配药室等综合门诊的医疗机构，并兼具培养学员、农牧区巡诊、采药制药多种功能，极大地推动了藏医药学的现代化发展进程。

非遗藏医药

现如今，藏医药已经成为我国非物质文化遗产的重要组成部分，藏医外治法、尿诊法、药浴疗法及藏医药炮制技术等，对我国传统医学的丰富和完善，起到了重要作用。

藏医外治法是一种用器械或外用药物治疗疾病的方法，主要包括按摩、擦身、放血、拔罐、穿刺、药浴、火灸与艾灸、热敷与冷敷等多种方法。相对来说，药浴、擦涂是比较温和的治疗方法，放血、穿刺则是比较激烈的治疗方法，除此之外，藏医外治法还有一些更激烈的治疗方法，比如切除、剜除、拔除等。

藏药炮制技术是一种根据藏医理论制备藏药饮片的制药技术。在经过净制、切制、炮炙三大工序后，可以有效去除藏药材中的杂质，降低藏药材的毒性，改变药物性能，进而使其更适用于临床治疗。

　　藏医药学历经千年的探索与发展，将医典理论与实践经验进行归纳总结，并与中西医检验、治疗方法相结合，形成了如今理论体系完整、治疗方法独特、民族特色浓郁的医术种类，对藏族人民及其他地方居民的健康保健、疾病预防做出了较大的贡献。

蒙医药——取各家之长的传统医学

生活在我国北部大草原上的蒙古族人民，自古以来便过着游牧、打猎的生活，在广袤无垠的大草原上纵马驰骋，跌打损伤在所难免，加之其居住地经常出现风雪、寒潮等恶劣天气，各类疾病出现的概率就会更高。在这一背景下，蒙古族医生在深入了解当地的自然环境与人民的生活后，融各家传统医学之所长，创造出了独具特色的蒙古族医药学。

蒙医药的传承

13 世纪初，元太祖成吉思汗统一蒙古各部，蒙古族的经济文化取得了一定进步，同汉族、藏族以及印度、阿拉伯、欧洲等地方和人民的交流越来越多，蒙医药学也得到了较大发展。后来，印度书籍《金光明最胜王经》《丹珠尔经》，以及藏医著作《四部医典》传入蒙古，并与蒙古族的特色医学和民间疗法相融合，对蒙医药的发展起到了重要作用。

13 ~ 16 世纪，传统的蒙医药学逐渐形成。这一时期，蒙古族的医者们提出了许多传统的医疗主张；寒热理论的传入与发展也为古代蒙医药学提供了理论基础和理论指导；中医学、阿拉伯医学、藏医学的传入，更是促进了蒙古医药理论的发展。

清朝时期，蒙医药学进一步完善，并产生了多部著作，如《认药白晶药鉴》是比较丰富的蒙古药学著作；《蒙药正典》是蒙古药学的经典；《蒙医金匮》收录了 200 多种蒙医药学药方；《脉诊概要》《甘露之泉》《白露医法从新》等书记述了多种蒙医传统诊法；《医伤根除病痛甘露方》和《五五制药方集》则对多发的寒症提出了一定的解决方案。这一时期，蒙医药学形成了以问、望、

元　佚名　元太祖成吉思汗半身像

此画绘一头戴毡帽、身穿右衽长袍的老年男子半身像。

触为主的诊断方式，其较为完整的药学理论和实践手法，对后世医学起到了积极作用。

非遗蒙医药

现如今，蒙医药学已经成为我国非物质文化遗产的重要组成部分，赞巴拉道尔吉温针、火针疗法、蒙医传统正骨术、蒙医正骨疗法、血衰症疗法、科尔沁蒙医药浴疗法、蒙医乌拉灸术等，已被列入国家级非物质文化遗产名录。

赞巴拉道尔吉的温针疗法是蒙医药学的重要组成部分，这是一种用特制银针对人体特定部位给予温灸刺激，以达到预防和治疗疾病目的的方法。这一方法可起到温经散寒、活经通络的作用，对风湿性关节炎、腰椎间盘突出、颈椎病、肩周炎等病症，都有不错的疗效。

蒙医传统正骨术（科尔沁正骨术）是以萨满医的形式保存下来的，医生在治疗时，需要在骨折的肢体上采取特别的手法将其复位，并通过外在固定、喷酒按摩、内在服药等手法，辅助伤处恢复。蒙医正骨术使患者免受开刀之苦，疗程短、愈合快、不易留下后遗症，尤其是在过去医学条件有限的情况下，一直是被人们所信赖的正骨之法。

蒙医血衰症疗法的提出源于一种蒙医药学的传统观念，蒙医认为，人体正常的生命活动，是由人体内的赫依、希拉、巴达干组成的"三根"，饮食精华、血、肉、脂肪、骨、髓、精液组成的"七素"，以及大便、小便、汗液这"三秽"

协调运转来保证的。这些因素彼此依存和相互制约，一旦某方出现盛衰变化，人体功能就会失调，导致疾病产生，因此，要格外注意机体功能的平衡。在这一理论基础上，蒙医将血衰症分成不同类型，并对各型的主证、治则和方药都进行了探索和研究，提出了一系列理论和规范。

蒙医药也是"猛"医药

蒙医药学十分讲究因人而异、因时而变、因地制宜的原则，根据不同的病症、病患和病时，使用不同的治疗方法，遵循的是先确诊病症本质、以本为主的治疗原则。在蒙医药中，既有滋补疗法，又有消减疗法，还有包含饮食、起居、药物及外治疗法相结合的系统四施法，而在这些相对温和的疗法之外，蒙医药中也有一些略为刚猛的治疗手段，比如"以震治震"疗法。

"以震治震"疗法即蒙古震脑术，这是一种传统的蒙医疗法，对脑震荡和脑震荡后遗症有独特效果。在治疗时，蒙医会根据震荡部位的不同以及病情的轻重，选择不同程度的方式，对病患的脑部进行震动，以达到治疗效果。这种方法虽然看上去有些"猛"，但却是蒙医经过长时间的积累与实践总结出的成果，在具体医疗实践中也取得了不错的效果。

蒙医药学是蒙古族人民世代积累并传承下来的珍贵宝藏，其鲜明完善的理论体系和卓越显著的临床效果，为我国医疗事业和人民健康提供了有力支持，极大地丰富了民族传统医学的内容，为中国传统医药学的发展与繁荣做出了贡献。

傣医药——蕴含佛学智慧的医学体系

　　傣族在我国主要聚居于云南省西双版纳傣族自治州、德宏傣族景颇族自治州、临沧市耿马傣族佤族自治县和普洱市孟连傣族拉祜族佤族自治县，在周边的印度、越南、缅甸、泰国、柬埔寨等国家也有所分布。

　　由于居住地大多处于地质古老的热带、亚热带地区，这里土壤肥沃、雨量充沛、丛林密布，常年温暖湿润，十分适宜动植物生长，但也为病菌繁殖提供了天然温床。饱受疾病困扰的傣族先民，在长期实践中，积累了大量珍贵的诊治经验和治病方药，傣医药学也因此产生。

傣医药的传承

　　根据傣族叙事长诗《山神树的故事》所述，生活于原始社会的傣族先民，为了更好地繁衍生息，已经在生产生活实践中，积累了一些医药常识。而后，傣族先民又通过"神农尝百草"般的实践，了解了各种果实、草木在食用后会给人体带来的功效，从而获得了基础的植物医药知识。

　　大约在三千年前，随着人类文明的进步，傣族医药学也走出蒙昧阶段，得到了显著发展。这一时期，傣族民间出现了一些名医，他们各自创制了一些药物，以治疗人们的疾病。不过，此时的历史文献和医药知识多以口口相传的方式流传，其中多有散失，但也多少为后期傣族医药学的发展提供了重要支持。

　　这之后，巴利文字的创造使得许多通过口述传播的傣族医药理论得到集中整理，印度佛教的传入也让印度医学被傣族人民了解和接受，此时，许多傣族先民将医术文字清晰地刻在贝树叶子上，以《贝叶经》记载并传播。

从后世的傣族医药经书《档哈雅龙》《巴腊麻他坦》《嘎牙山哈雅》等书籍中可以看出，傣族在继承本民族传统医药的基础上，吸收了印度医药学、中医药学和其他东南亚国家的传统医学，最终形成了以"四塔""五蕴"为核心的傣医药学体系。

佛教与傣医药

佛教认为，世界分为有情世界和无情世界。

无情世界又被称为器世界，是以土、水、火、风这四种基本质构成的，而人体的健康与否，也与这四种物质元素是否平衡有一定关系，这便是傣医药学中的"四塔"。

土，是指身体消化食物、营养机体的功能，牙齿、皮肤、肌肉、五脏六腑等多种器官，都属于这一范畴。傣医认为，这些是人类生长发育的基础，若土气不足，便会出现少食、心悸、筋骨无力等症状，若土气过盛，则会有僵硬冰冷、腹痛便秘、烦躁不安的症状。

水，代表身体的储藏，胆汁、唾液、血液、脂肪等都属于这一类别，是遍布身体的重要本源。傣医认为，人体内水汽正常时，口唇、肌肤红润有光泽，水少会有干燥、发热、精神萎靡等问题，水多则伴有消化不良、痰湿咳嗽、水肿腹泻等情况。

火，在傣医看来，是身体的阳气，伴随生命而来，随着生命而消亡。消化之火、生长发育之火、维持生命之火和先天禀赋之火是人体重要的四种火，缺一不可，否则会造成虚弱无力、瘦小迟钝、精神萎靡、生理缺陷等问题。

风，是生命活动的外在表现，人体消化、吸收、排泄、呼吸、哭笑等功能都由风主管，风气不足或过盛均会影响人的身体状况。傣医药学认为，必须要顺应自然规律，保持身体内"四塔"的平衡，才能保证人体的健康。

佛教提到的有情世界，即为人的世界。"人"没有实体，一切无常有为，皆因缘而生，只是由色、识、受、想、行这五蕴暂时和合而成。傣医药学借鉴这一理论，结合人体结构和精神意识，将"五蕴"细化为心蕴、知觉蕴、受蕴、组织蕴、形体蕴，包含人体的精神活动、对事物的认知能力、对外界的反应、

1 世纪上半叶云南西双版纳傣族女服

傣族女性的服饰比较协调淡雅，很出色，轻盈感很强，同时又很有精致秀丽的感觉。

全身组织的聚合、发动功能，以及人体各器官所映衬出的生命迹象等方面的内容，"五蕴"相互影响，相互利用，在预防和治疗疾病、养神养身方面，均有一定的功效。

非遗傣医药——睡药疗法

现如今，傣族医药学取得了前所未有的发展，已经成为我国非物质文化遗产的重要组成部分，睡药疗法更是被列入国家级非物质文化遗产名录之中。

作为傣医药的传统外治方法之一，睡药疗法主要用于中风、风湿及高热昏厥等病症的治疗。在具体治疗手段上，有冷睡和热睡两种，冷睡主治热病，热睡主治寒病。其中，冷睡疗法主要根据患者病情需要，选择相应处方，将其涂抹于睡药床及患者周身，再以布包裹；而热睡疗法则需要先将傣药炒热，再对患者进行涂抹、包裹治疗。

除了睡药疗法外，傣医药中还有蒸药、薰药、刺药等多种特色疗法，对于热病、斑疹、痹病、毒病、血病等病症，具有独到的疗效。

如今，在傣族人民聚居地，既成立了专门的民族医院和医药研究所，又有医班培养民族医学人才，还出版了《傣药志》《中国傣医》《傣医传统方药志》《傣族医药验方集》等多部傣医药学书籍，对傣族医药文化乃至世界传统医学的丰富和发扬，起到了重要作用。

第十章

民俗

丰都庙会——纪念天神的"鬼城"盛会

相传，在汉朝时期有两位方士，一个叫阴长生，一个叫王方平。这两人因为对当时的社会感到非常不满，于是就想"超脱世外"，遂来到了一个地方潜心修炼。青龙初年，两人终于得道飞升。

可倒霉的是，在唐朝时期，这两人因为一个姓阴，一个姓王，而被人们误传成了"阴间之王"，这阴、王二人修炼的地方也因此被称作"鬼城"。这传说中的"鬼城"就是今天隶属于重庆市的丰都。

"鬼文化"的传承者

在过去，丰都的旧名叫酆都，再往久了说，它还有一个"巴子别都"的称呼。从这里已经不难看出，丰都是一座拥有悠久历史的文化名城。

丰都的起源，从汉代算起来距离今天已经差不多有两千年了，不过，"悠久的历史"并不是丰都最具有代表性的地方，它所承载的"天界地府文化"才是让它闻名于古今中外的主要因素。

在中国的传统文化里，有一个非常独特的民俗文化，那就是"鬼文化"，丰都这座城市正是这一文化的优秀传承者。历代以来，它都被人们传为"鬼国京都""阴曹地府"，是人类亡灵的归宿之地。

如果到这里旅游，你一定能发现，这里有着很多中国传统神话中阴曹地府的建筑和造型，比如我们熟悉的奈河桥、黄泉路、哼哈祠、天子殿、望乡台等，让人好像真的身处"地狱"之中，这些独特的"奇观"为丰都染上了一抹别样的传统色彩。

但其实，丰都这座城市的民俗文化特色中还包含了儒家、道家、佛家三种文化，综合这种种因素，丰都才成了长江黄金旅游线上最著名的人文景观之一。

庙会中的"鬼文化"

在丰都"鬼文化"的促使下，这里诞生了一种颇具当地特色的庙会，通过庙会，"鬼文化"得到了最集中也最直接的表现。

古时候，丰都庙会一年的举办次数就多达 30 余次，每一场庙会都是由不同的庙宇自发组织的，他们会确定吉日，然后祭拜祖师及各派神仙。2014 年，丰都庙会入选国家级非物质文化遗产代表性项目名录扩展项目名录，并且将传说中的阎罗天子和他的妻子卢瑛的结婚纪念日（每年阴历三月初三），定为丰都庙会日。在这一天，丰都都会举办庆典，被吸引前来的各处游人、香客蜂拥而至，在丰富的活动和精彩的表演中感受热闹的气氛。

在庙会上，有用民俗乐器演唱的戏曲游乐，而这些戏曲的主要内容都是民间的传说或者鬼神故事，比如"阴天子娶亲""城隍出巡""活捉秦桧""钟馗嫁妹"等。此外，也有不同民族、不同地域的原生态舞蹈表演，比如神鼓舞、鬼面舞、水龙舞、戏牛舞等；还有极具特色的民间技艺展示，比如叶脉画制作、鬼脸谱瓢画绘制、包鸾竹席编织等。当然，也有很多说唱道白和民间杂耍。

除此之外，庙会期间的祈福敬香活动，表达了人们心中最朴素的愿景，而特色吉祥物和风味小吃，不仅为庙会增添了更多的观赏性和趣味性，也为参加庙会的民众带来了更好的文化体验。

"鬼文化"的内涵

丰富多样的民俗文化活动、民间技艺展示，是丰都庙会的特色所在，这些表演形式生动彰显了"鬼城文化"的精华，同时也继承了鬼城文化所宣扬的"惩恶扬善""导人向善""唯善呈和"的文化精髓。以这种形式举办的庙会，在全中国乃至全世界都是独一份，这其中丰富的历史内涵和深厚的文化底蕴，让丰都成了世界上独一无二的"鬼城"。

说到底，丰都庙会其实是一种民间信仰，当然，这种信仰也是中华民族传统文化中的重要组成部分，其"扬善、惩恶、公正、和美"的文化精神，在中华民族的历史上发挥了维系人心、规范道德、传承文化的作用，至今仍具有积极的现实意义。

　　随着庙会的连年举办，独特的丰都庙会被越来越多的人所知晓。近年来，除中国游客外，还有很多日本、韩国、北美、西欧的游客特意来到丰都，感受我们的传统文化。相信在未来的日子里，丰都鬼城的盛会一定会越办越好，越办越大，也期待着丰都庙会能够真正走出国门，走向世界。

宁海十里红装婚俗——"明媒正娶"的传统汉俗

在多数人的观念里，婚姻绝对算得上是一件"人生大事"，在古时候的社会环境影响下，古人更是将婚姻看得无比重要。于是，便诞生了一系列有关婚姻嫁娶的传统习俗，这其中就有我们常说的"十里红装"。

"十里红装"过去事

如果要问现代女性，她们梦中的婚礼是怎样的，想必大多数人都会提到梦幻的婚礼现场和洁白的漂亮婚纱。可对于古代女子来说，她们梦想的婚礼一定是"十里红装"。而关于这个婚俗的来历，就要讲到一个南宋时期的传说了。

相传，南宋的开国皇帝赵构在被金兵追捕时，被一个农家姑娘所救。为了报答姑娘的恩情，他就跟姑娘相约以肚兜为凭，许诺等自己政权稳定，就要这位农家姑娘进宫。

可没想到的是，等赵构前来相认时，村子的每一户人家门口都挂起肚兜，这让赵构没有办法分辨谁才是自己的救命恩人。为了兑现自己的承诺，他只好下了一道圣旨，将这里的女子都封了王，这样她们出嫁时可以享受公主的待遇，不仅可以装扮上只有达官贵族才能使用的凤冠霞帔，还可以在嫁妆上雕龙刻凤，后来，这里的女子结婚时都会出现"十里红装"的喜庆场景。

"十里红装"的婚俗始于南宋，并在明清时期达到了鼎盛状态。但随着西式婚礼的流行和女性社会地位的提高，这样的传统婚俗渐渐不再盛行，不过，这个传说故事的发生地宁海，却一直保留着这样的出嫁习俗。

宋　佚名　高宗坐像

该幅画高宗头戴乌纱展脚幞头，身着朱红袍服。相貌温文儒雅，双目炯炯有神。

不一样的宁海婚俗

宁海县处于我国东南沿海地区，自古以来就是一个交通便利、经济繁荣的重镇。每逢有人婚嫁，这里就会出现嫁妆队伍绵延数里的壮观场面，人们将这种现象称为"十里红装"，后来逐渐演变为婚嫁的代名词，是明媒正娶的象征。

在他们的传统婚俗中，要经过定情、做媒、相亲、备嫁妆、迎嫁妆、花轿迎娶、拜天地、闹洞房、回门等部分，其中嫁妆的准备尤为讲究。女方的嫁妆包括衣裤、鞋履、床铺、被褥、线板、纺锤等大大小小的众多物件，发嫁妆时，大件的家具由两人抬，成套的红脚桶由一人挑，提桶、果桶等木制品和瓷瓶、坛罐等小件物品则放进两人抬的红色箱子里，这些担子、箱子里的日常所需器物一应俱全，看起来朱漆鎏金，富贵溢彩。

此外，这个嫁妆队伍经常会从女方家一直延伸到男方家，蜿蜒浩荡，处处洋溢着吉祥与喜庆，远远看上去仿佛有长达十里的道路都铺满了喜庆的红色。宁海十里红装婚俗是江南民俗的重要组成部分，其浩大的规模声势和较高的艺术价值在全国都实属罕见。

2004 年，宁海县"十里红装"博

物馆正式对外开放，它作为社科类民俗专题博物馆，保留了上千件与婚庆相关的物品，这些物品生动地向我们展示并还原了当时宁海的婚嫁风俗和当时人民的生活场景。千百年来，宁海人民将自己的勤劳智慧与生活感悟融进"十里红装"婚俗里，这不仅是一项传统的婚庆文化，更是农耕社会时民俗和历史的体现，是我国珍贵的非物质文化遗产。

中国婚俗的古今之变

数千年来，汉族一直将婚礼作为儒家礼仪的重要组成部分，有着严格的规范。封建社会的婚礼，大部分遵循着纳彩、问名、纳吉、纳征、请期、亲迎的礼法，这"六礼"是旧时婚姻必不可少的组成项目。

除此之外，古代先民的结婚仪式大多是在黄昏时进行的，这个时候日月交替，阴阳转换，先民们选择这个时间迎亲正是体现了对天人合一的和谐追求，也正因如此，汉代典章制度著作《礼记》中，就将专门记录婚姻的篇章命名为《昏义》，而这种仪式也被称为"昏礼"。虽然目前大多数地区已经不在黄昏举办嫁娶仪式，但"婚（昏）礼"这个称呼还是被沿用了下来。

随着时代的发展，后世不同地区的人们以古代婚俗为基础，根据各自的地区习俗"创造"了很多不同的婚礼形式，宁海的"十里红装"便是极具代表性的一种。也许将来有一天，宁海的十里红装婚俗也会逐渐淡出历史舞台，但"十里红装"博物馆中的红装器物，仍能将这项传统民俗铭记于人们心中。

西王母信俗——祭神娱人里的文化沉淀

生活中，我们常把一些"老话"挂在嘴边，比如，打碎碗碟时会说"岁岁（碎碎）平安"；眼皮跳动时会说"左眼跳财，右眼跳灾"；听到喜鹊和乌鸦的叫声时会说"喜鹊叫吉利，乌鸦叫不吉利"；等等。

其实，在人们生产生活的过程中，很容易会产生一种约定俗成的传统理念，在这种理念的影响与支配下，大家就容易对某种常见的现象产生相同的心理和行为，这种情况就叫信俗。

信俗与西王母的传说

"信俗"这个词是从原始宗教与巫术中演变而来的，是指人们约定俗成的一些民俗。

既然是民俗，那一定就会涉及生活中方方面面的内容，因此，除了一些全国通用的信俗外，各个地区也会因为地域、民族、习俗等差异，产生不同的特色信俗，其中，甘肃省平凉市泾川县的西王母信俗，便是很有特点的地域信俗。

西王母，在道教中被奉为至高无上的女神，在民间，她还有一些我们十分熟悉的称呼，比如王母娘娘、瑶池金母等。关于西王母的传说，最早出自《山海经》，因为她居住的昆仑丘相对靠西，所以被称为西王母。在我国古典神话中，西王母是女仙之首，而且还是掌管罚恶、预警灾厉、生育万物的创世、长生女神，后来，她也被看作掌管婚姻、生育、保护妇女的神仙。因此，在民间传说、戏剧曲艺、雕塑绘画中经常可以看到她的身影。

泾川的西王母信俗

泾川县的西王母信俗是这里长期流行的一种民俗文化，它诞生于泾川人民漫长的农耕生活和传统习俗中，主要特征是将祭神与娱人相融合，并包含历史、民俗、宗教、礼仪、工艺、商贸等多种文化内容，有很强的西北特色。

每年的农历三月二十日，来自海内外的信众都会在泾川回山的王母祖庙举行祭祀活动，第一届活动举办于北宋开宝元年，距今已经传承了千余届而未曾间断过。而且泾川的西王母庙会是我国规模最大、民俗活动最丰富、参与信众最广的，有学者将这一活动称为"西王母信俗的活化石"。

宋代翰林大学士陶谷曾奉宋太祖命令，撰写《重修王母宫颂》碑，详细记载了西王母古部族的历史和此地盛大的祭祀活动，充分证明泾川人民在漫长的农耕生活中，产生了以西王母文化为载体的信俗。这些被留存下来的资料，为后世研究提供了重要依据。

西王母祭典

虽然在泾川境内有多处主要祭祀西王母的庙堂盛会，但最热闹的还要数泾川回山的庙会，这里是朝觐西王母的圣地。回山下的虎齿豹尾、半人半兽的摩崖浮雕，正是《山海经》中描述的西王母图腾。

每逢三月的王母祭典，全城人都会风雨无阻地来到这里，甚至有人为了可以抢到当年的头香，在凌晨三点就会赶赴西王母祖庙。早上七点以后，各乡镇的群众就会从四面八方朝这里涌来，山上山下比肩接踵，人头攒动，热闹非凡。

前来参加祭祀活动的人们除了本地乡镇的，还有很多是从陕西、宁夏、河南等地远道而来的。信众们会在这里虔诚上香、顶礼膜拜，或祈求婚姻、子嗣、祛病痛、降吉祥、保平安、风调雨顺、国泰民安等多项内容，道场外则有秦腔戏、皮影戏、耍社火、耍巫术、放河灯、占卜预兆等多种民俗活动，到处都是一派吉祥、欢乐的和谐氛围。

其实，西王母信俗活动的经久不衰，从侧面反映出了泾河流域人民的生活状态和风土人情，表现出了人民大众对于美好、幸福生活的追求，因此，它在

清　佚名　《西王母瑶池会群仙图》

此八条通屏绘西王母于瑶池会群仙过寿的故事。山石泥金勾勒，与清代宫廷画家焦秉贞等的画法有相似之处，此通屏或是内廷如意馆画家手笔。

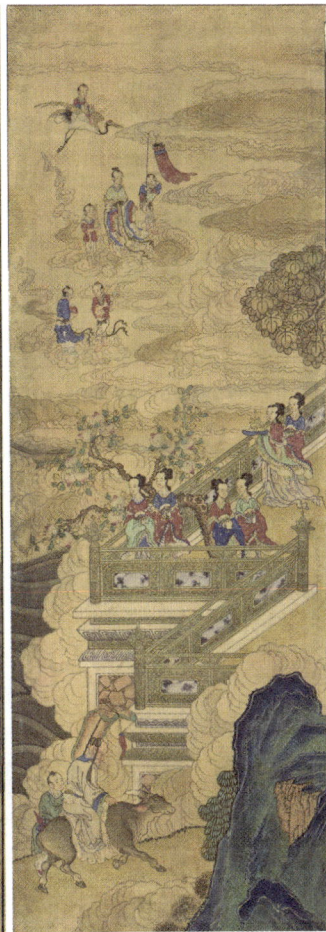
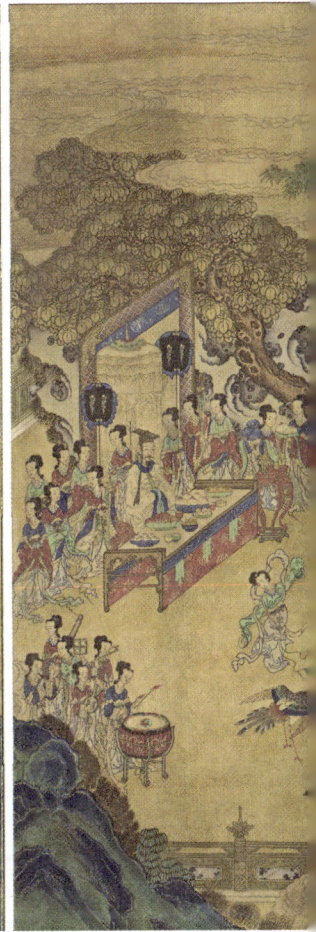

民俗文化中占据着十分重要的地位，也具有极高的文化价值与历史价值。

另外，这一信俗活动，也吸引了很多港澳台同胞和海外华人华侨前来参与。由此可见，传承西王母信俗，对增强中华民族的认同感和凝聚力、促进民族团结、构建和谐社会也有着深远的意义。

瓷瓶上的西王母

在世人的心目中，西王母就是调和阴阳，致召万灵，统括真圣，"若隐若现，运百灵而准今"的女仙。

黄帝陵祭典——祭祀传承中缅怀始祖

相传，我国远古时期有一个叫黄帝的部落首领。黄帝天赋异禀，所以后来，他不仅兼并了炎帝的部落，还打败了蚩尤，统一了黄河流域。因此，黄帝被后世认为是中华民族的始祖。为了感恩、纪念、缅怀他，中华先民从几千年前便开始为黄帝举行隆重的祭祀活动。

黄帝陵祭典

黄帝的陵寝在陕西省延安市的黄陵县，具体位置在黄陵县北边一千米处的桥山之巅。黄帝陵不但是我国重点文物保护单位，还享受着"天下第一陵"的美誉。因为黄陵县有举办祭祀活动的悠久历史，所以，这里也被称为"中国黄帝祭祀文化之乡"。

黄帝的祭祀主要分为公祭和民祭两种形式。公祭黄帝陵是以官方的名义按照严格的等级、规模、仪式举行的大型祭典。民间的黄帝祭祀活动则一般在清明和重阳节进行，与公祭程序基本相同，只是增加了鼓乐队、唢呐队、三牲队等项目，民间性更为突出。

公祭的历史非常悠久，《国语》《礼记》中就有关于黄帝祭祀的零星记载，书中说，黄帝公祭仪式从尧、舜、禹时代到春秋时期一直没有间断过。《史记》中也曾记载，春秋时期，秦灵公曾经祭祀黄帝，这是对黄帝公祭仪式的最早记录。汉代之后，统治者因为在政治治理上以黄帝为榜样，所以很重视黄帝祭典，汉武帝刘彻曾率军18万人祭祀黄帝，并修筑汉武仙台供人登高怀古，这是历史上规模最大的一次官方祭祖活动。

魏晋南北朝及隋朝时期，黄帝公祭的规模越来越大，也越来越隆重，到唐朝中期时，黄帝陵公祭活动不仅沿袭了之前的各项仪式，还升级成了国家级祭典，哪怕是后来的战乱年间，都没有中断过。元朝时期，这项活动的重要程度仍然居高不下，他们将唐宋的黄帝祭典礼制继承了下来，统治者还曾颁布圣旨，命令尽快抢修被损毁的黄帝陵庙，这道圣旨被刻成了蒙古语和汉语的碑文，也是黄帝陵庙现存最早的保护法令。

到了明朝时期，明太祖朱元璋下旨拨款修缮黄帝陵庙，还亲自撰写祭文，这是目前为止发现的最早的祭文，至今仍保存在轩辕庙碑廊里。清代则基本保持了明代的规格，是祭祀黄帝最多的朝代。

现代的黄帝陵祭典

中华人民共和国成立后，祭祀黄帝陵的活动也流传了下来，这项活动由陕西省政府主办，国家领导人和其他省份的代表都曾来参加过。如今，黄帝陵祭祀活动仍旧非常庄严、肃穆，黄、红色的地毯会从黄帝陵印池边一直铺到主祭祀大殿，祭亭上悬挂写有"公祭黄帝陵典礼"的横幅，两边柱子上悬挂新撰的对联，并在祭桌上摆放着祭器、蜡烛、面花、水果、鲜花等。参加祭祀的人员则需佩戴有赭色传统花纹的黄色佩巾，作为整齐一致的标志。

祭典开始时，全体人员保持肃立，主祭人和陪祭人就位，需鸣钟九次，击鼓三十四声，祭典活动正式开始。这个鸣钟和击鼓都是有讲究的，九声钟鸣象征着中华民族的最高礼数，三十四声鼓声则象征着我国省、直辖市、自治区和特别行政区。

接下来，就是奏古乐和敬献花篮、花圈的时间，并行三鞠躬礼，由主祭人员恭读祭文。祭文主要就是赞颂黄帝功德、追溯民族历史、彰显当代成就、希望早日实现祖国统一等内容。在此之后，会有人员讲话和鸣放鞭炮，以及绕陵一周，最后大家合影留念，并种植纪念树。

黄帝陵祭典的传承

改革开放以来，黄帝陵祭典受到了海内外中华儿女更加广泛的关注，祭祀仪式也越来越宏伟、庄重。祭祀过程中所使用的服装、旗仗、面花、木刻、歌舞、剪纸等，有着鲜明的民族特色和较高的艺术价值，是传统民族艺术的体现。同时，黄帝陵祭典是伴随着中华民族几千年的历史演变而来的，因此，有着深厚的文化积淀和精神内涵，对于研究我国历史文化也有着重要意义。

　　如今，黄帝陵庆典已经成为我国每年都会举办的一项重大活动。这场对黄帝的祭奠活动，能够增强广大中华儿女的民族认同感和凝聚力，并以此传承我国优秀的传统文化，共谋祖国繁荣统一，开创更加美好的新时代。

明　仇英　《帝王道统万年图》

此图为明代仇英所绘，画中主要人物是黄帝。

京族哈节——寄情于祭的海洋文化

相传在三四百年前，白龙岭下有一条常常兴风作浪的巨大蜈蚣精，它把海上的船只掀翻后就会吃掉船上的人。有一天，一个神仙变成的乞丐坐船过海，在经过蜈蚣精洞口的时候，船夫为了自己活命就打算把乞丐推下去喂蜈蚣。

结果，这个乞丐把一个滚烫的大南瓜塞到了蜈蚣精嘴里，蜈蚣精被烫得哀嚎连连，最后，它的尸体被烫断成了三截，成为海上的三座岛。后来，居住在这三座岛上的居民就把除掉蜈蚣精的神仙奉为"镇海大王"，每年都会举办一场名叫"哈节"的纪念活动。

"京族三岛"的哈唱节

蜈蚣精身体变成的三座岛屿分别是东兴市江平镇的万尾、巫头、山心三座海岛，因为在这三座岛屿上聚居着很多京族人，所以，这三座岛就被叫成了"京族三岛"。京族是我国五十六个民族之一，它还有一个名字叫越族，这是因为京族主体位于东南亚地区，人口数量占越南总人口的百分之八十以上。

哈节，又称为唱哈节，是京族的传统节日，也是京族最为隆重的一个节日。不过很多人不明白，唱歌的节日为什么要叫哈节。其实，"哈"是由京语音译而来的，这个"哈"就是唱歌的意思。

京族哈节的庆祝日期在各地都有所不同，但一般都是在农历六月初十、八月初十或者正月十五这三个日子进行，除了时间不一样外，各地还各自设有哈亭作为自己的节庆活动中心。在每年的哈节期间，京族男女老少就会穿着民族节日盛装来到哈亭，在这里举行热闹的庆祝仪式，而这些少数民族都带有浓郁、质朴的民族风情。

虽然不同地区的举办时间不同，聚集的哈亭也不是同一个，但哈节形式与内容却是基本保持一致的。哈节的节期一般会持续三天，在此期间，哈亭通宵达旦，歌舞不息，群众也十分欢快、喜庆，一般还会包含祭祖、乡饮、社交、娱乐等多种内容。

哈节仪式

在哈节开始之前，主持哈节活动的头领会安排参与哈节的"哈头"筹办祭品，祭品一般是一头猪，各位"哈头"养猪时要保持猪的干净，既不能弄脏，也不能咒骂，京族将这一步骤称为"养象"。举办哈节时，谁家的"象"最大，就会有幸被用来祭神。

在正式祭神的前一天，集队会的人会举旗擎伞抬着神座来到海边，将神迎进哈亭内，并将选好的"象"赶到哈亭，绕亭三周，留到半夜时宰杀，选出八斤猪肉分给众人食用，这是京族独特的迎神仪式。

哈节的正式祭神典礼一般在下午三点左右进行，主祭人员带领着民众迎接来自海上、天宫的各位神灵和祖宗进入神位，并向诸位神灵恭读祭文、献上美酒与礼物。在这一严肃的环节之后，就是人们喜闻乐见的节目表演，不仅有妙趣横生的历史故事说唱、富有生活情趣的古诗词演唱，还有进香舞、进酒舞、采茶摸螺舞、对花屐舞，以及技艺高超、极具特色的天灯舞等，以此达到娱神娱人的目的。

祭神完毕，众人入席听哈，这也是哈节主要的活动项目。唱哈有三个主要角色，一名男子被称作"哈哥"或"琴工"，两名女子被称为"哈妹"或"仙姑"，主唱"哈妹"会站在哈亭中间，手持两块竹片，边敲边唱，伴唱的"哈妹"则坐在一旁的地上，手敲竹梆伴奏。"哈妹"每唱完一句，"哈哥"都要依曲调拨奏三弦琴，如此一唱一和一伴奏，将民间传说、哲理故事、爱情佳话等，唱给哈亭内外的民众听。

京族人的大海情

京族作为以渔业为主的海洋少数民族，他们对大海有着旁族无法比拟的深厚感情，他们通过哈节这种集体祭祀和唱哈娱神的形式，表达着自己对于大海的敬畏之心和对海神与祖先的感恩之情，以及对未来美好生活的追求与向往，这充分体现出京族人民勤劳、淳朴的性格特征，以及崇尚大海、信奉神灵、热爱生活的民族精神。

京族哈节是本民族唯一的传统节日，因此，这一节日集中体现着京族的传统文化。除此之外，京族哈节中也积淀着京族独特的海洋文化以及原生态的文化价值，向我们展示了京族的历史、民俗、艺术与民众的生活面貌，具有极高的研究价值与传承价值。

那达慕——成吉思汗"任职"的盛大庆典

　　1206年，成吉思汗即位成为蒙古大汗。他为了检阅部队，维护和分配草场，于每年七八月间举行"大忽里勒台"，即大型聚会，这场聚会将各个部族的首领聚集到一起，以此表达团结友爱的民族精神和丰收的喜悦之情。而这，就是那达慕大会。

蒙古人民的盛会——那达慕

　　那达慕也叫那雅尔，在蒙古语里，这个词是游戏、娱乐的意思。顾名思义，那达慕大会就是大家聚集在一起娱乐的盛会。

　　那达慕历史悠久，根据《成吉思汗石纹》记载，那达慕产生于蒙古汗国刚刚建立时期。最初的那达慕大会，只有射箭、摔跤或赛马的其中一项比赛内容；到元朝时，那达慕大会已经在蒙古草原上广泛开展了，当时的统治者规定，蒙古族男儿必须掌握射箭、赛马和摔跤这三项技能，因此，也将其合称为蒙古族男子三项，并全部作为那达慕会上的固定活动和体育形式，在活动期间开展比拼；之后的清朝，那达慕逐渐变成了官方定期召集的游艺活动，这时候的那达慕大会带有明确的组织性与目的性，其形式、规模和内容都比之前有所发展，并会对比赛胜利者给予一定的奖赏和授予一定的称号。

　　可见，那达慕中的民族游戏和体育活动，都是蒙古族人民在长期游牧生活中创造和流传下来的，这其中寄托着人民节庆或者丰收的喜悦之情。

那达慕不只有摔跤

那达慕一般都选择在草原景色最美、牛羊最肥壮的季节举行，因此，从每年的农历六月初四开始，为期五天的那达慕大会，就成为蒙古族人民的假期，当然也是蒙古族人民畅饮马奶酒和纵情歌舞的时刻。

蒙古族人民很重视那达慕大会，过去还要在那达慕大会上进行祭祀活动，会有喇嘛焚香点灯、念诵经文，以祈求神灵庇护和消灾添福。那达慕大会上的活动主要是摔跤、赛马、射箭、套马、下蒙古棋等传统民族项目，有的地区还有武术、田径、拔河、球类等体育竞技项目。随着夜幕降临，广袤的草原上会响起悠扬的马头琴，青年男女围着篝火尽情唱歌、跳舞，节日气氛十分浓郁。

摔跤是那达慕大会上必不可少的比赛项目。按照蒙古族的传统，摔跤选手不限制地区、体重和年龄，采用淘汰制，一场定胜负。蒙古族人民的摔跤有捉、拉、扯、推、压等一百多个动作，在比赛过程中，可以互抓对方肩膀，也可互相搂腰，还可以趁其不备钻入对方腋下攻击，但不许抱腿和打脸，也不准突然

那达慕节周围景观

从背后将人拉倒。规则为膝盖以上任意部位先触及地面的选手，为摔跤比赛的失败方，但选手无论输赢，都会获得一定的奖励以及观众的欢呼与喝彩。

蒙古族被称为"马背上的民族"，蒙古族人民对马有着特殊的感情，因此，他们都十分善于驯马、骑马，也非常喜爱赛马。他们有时比马奔跑的速度，有时比马步伐的矫健与轻快，还有马上竞技表演比赛。那达慕大会是赛马比赛的重要场合，草原上的牧民会骑马来参赛，男女老少均可参加，参加人数从几十人到几百人不等。为了减少马的负荷，取得更好的成绩，参赛者大多都不会用护马鞍，只会穿着华丽鲜艳的服饰，彰显出草原儿女英姿飒爽、勇敢威武的形象。

蒙古族人民还非常喜爱射箭，这主要源于他们长期的游牧、游猎生活，虽然现在历经千年，但他们却把高超的射箭本领流传下来。蒙古族射箭比赛主要有近射、远射和骑射。顾名思义，近射和远射是根据射手距离箭靶位置区分的，骑射则是射手骑于马上，在马匹跑动过程中发箭。这三种比赛多采用"三轮九箭"的决胜方式，以中靶箭数的多少确定名次。

今天的那达慕

那达慕大会发展到今天，吸引了越来越多的"外族"人，所以，每年那达慕大会举办时，都会有国家领导人和海内外游客前来观看和参与，渐渐地，这一传统节日开始受到各族人民的喜爱。

那达慕大会充分体现着蒙古族人民的力量与美感、速度与耐力、文化与智慧，生动形象地向我们展示了草原儿女的精神面貌和综合素质，承载着蒙古族独特的民族传统与民族文化。那达慕大会作为国家级非物质文化遗产，其长远的保护与传承，对蒙古族、中国乃至世界文化、民俗、体育等内容的丰富和完善，都有着重要的价值与意义。

五大连池药泉会——"神鹿示水"的信仰传承

战国时期，楚国有一个名叫屈原的贤臣，他因为拯救国家的愿望破灭，而在农历五月初五这天跳进了汨罗江。后来，人们每逢农历五月初五，就会在江中撒米来纪念屈原。东汉初年时，人们为了投入江中的米不被鱼虾吃掉，就将米用芦叶包了起来，而这，就是我们在端午节会吃到的粽子的故事原型。

端午由来

端午节还有端阳节、重五节、龙舟节、天中节等多种称呼，这是一个包含了娱乐、饮食、祈福辟邪和拜神祭祖等多项内容的民俗节日，与春节、清明节、中秋节并称为我国的四大传统节日。

端午节的由来非常久远，因为它与先民的原始信仰、图腾文化、历法和天文等内容息息相关，所以，它的产生最早可以追溯到上古时期。众所周知，中华民族向来被称为"龙的传人"，这其实是源于先民对于龙图腾有着强烈的崇拜和敬爱。

古人夜观星象，演绎出一套完整又深奥的天文文化，他们根据日月星辰的行动轨迹，将黄道和赤道附近的区域划分成二十八星宿。他们又按照东、南、西、北四个方位分别分为七宿，位于东方的角、亢、氐、房、心、尾、箕七个星宿，刚好可以组成一个完整的"龙"形，故也将它们称为"苍龙七宿"。苍龙七宿的观测周期与一年四季的周期相似，春天抬头，夏天升腾，秋季衰落，冬天隐没，而端午节时，苍龙七宿刚好处于正中的位置，因此，中华先民选择在端午节拜神祭祖，寓意中华民族将一直处于鼎盛状态，人民生活也将世代吉祥如意。后来，又因为楚国著名诗人屈原在五月初五投汨罗江自尽，便将端午

清　徐扬　《端阳故事图·包粽子》

裹角黍

以菰叶裹粘米为角黍取
阴阳包裹之意以赞时也

清　徐扬　《端阳故事图·插艾草》

悬艾人

荆楚风俗以艾为人
门户上以禳毒气

清　任熊　屈原像

任熊擅画人物，此图绘屈原手执兰草，象征着高洁不屈的品质。

节作为纪念屈原的节日。

　　包粽子、挂艾叶、划龙舟、佩香袋、食用"五黄"或"五白"等，都是极具特色的端午节活动，这一节日包含着中华先民在科学、哲学、文化等方面的质朴思维和早期探索，因此，对广大中华儿女有着特别的重要意义。

"药泉"传说

　　各个地方因为地域和文化的不同，在过端午节的时候，也自然产生了不同的方式和内容，例如，我国东北部黑龙江省的五大连池药泉会，便是一种特别的端午节庆民俗活动。

　　五大连池药泉会也叫作"圣水节"，关于这个节日，还有一个美丽的传说。相传，有一位达斡尔族猎人在端午节这天外出打猎，结果，他跟着一只受伤的神鹿来到了五大连池的药泉山上。神鹿喝下这里的泉水后，伤口竟然神奇地痊愈了，于是，看到这一切的猎人就好奇地喝了一口泉水，果然，这口水刚一下肚，他瞬间便觉得浑身舒畅，疲惫尽消。

后来，泉中圣水的故事就在当地流传开了，这个地方也被人们称作"药泉"。此后的每一年，人们都会在端午节时聚集在药泉周围，进行敬神祈福的民俗活动，并一直延续至今。

药泉会的传承

如今的五大连池药泉会一般从农历五月初四开始，共为期三天。

农历五月初四当天的清晨，这里会举行"祭敖包"的民俗活动，傍晚时分，人们会在药泉边点燃篝火，唱歌跳舞，一直持续到子夜。随着时间来到农历五月初五，聚集在这里的人们会抢喝"子夜水"，以求健康和吉祥。初五凌晨，民众纷纷出去踏青，折柳采蒿，并用露水洗脸，之后，便是一系列的民间技艺表演，"射猎饮泉"的仪式和"泉壶灯会"活动，尤其受到民众的喜爱。五月初六这天，民众会在清晨用二龙眼泉水洗脸明目，上午则会举行"钟灵庙会""黑龙庙会"等民俗活动，在活动中，人们弃石祛病，祈望平安与顺遂。

五大连池药泉会延续至今，已有二百多年的历史，当地的达斡尔族、鄂伦春族、蒙古族、满族、汉族等群众，都会参与到这项民俗活动中来，这让药泉会从原来的千人聚会，发展成了如今十几万人参与的大型民俗活动。

庆典期间，当地各民族人民所举行的各种传统仪式、民族歌舞、民俗表演和竞技活动，生动地反映出了当地多民族的生产活动、生活方式、民间文化和民间艺术，具有较高的研究价值和传承意义。同时，药泉会在增强民族团结、维护边疆稳定等方面，也起到了重要作用。

松花江放河灯——祭拜先祖的地上"星河"

上古奇书《易经》中有这样一段话："'反复其道,七日来复',天行也。"这句话中蕴含着世间万物阴阳反复、此消彼长的自然法则。其中,"七"这个数字,在我国传统文化中十分常见,例如,七星高照、七情六欲、七音、七窍、七律等词语,将"七"染上了神秘的色彩。这是因为在我国原始信仰中,"七"带有着变化的含义,是复生之数,因此,古人将七月视为吉祥月、孝亲月,并将农历七月十五,定为祭祀先祖的节日。

"七月半"与中元节

说到"七月半"这一节日,很多人首先会想到的就是"鬼节",也就是中元节。其实,"七月半"最早源于上古的祖先崇拜和农作物的丰收事宜。先民将农作物的丰收,视为神灵、祖宗保佑的结果,因此,人们会用收获的粮食、蔬果等物品供奉先祖,以祈求来年风调雨顺,有个好收成。

中元节的说法则是在东汉道教产生之后出现的,道教有"三元说"及"三官大帝","三官大帝"即天官、地官和水官。他们认为,天官于每年正月十五上元赐福,地官于每年七月十五中元赦罪,水官则于每年十月十五下元解厄。其中,地官就是掌管地府的神仙,据说,每年七月半这天,他会打开冥界的大门,允许众鬼魂短暂地离开这里,回到人间探望亲属。唐朝时期,因为统治者极为推崇道教,所以,就将中元节定在了每年的农历七月十五,之后才逐渐兴盛起来,并一直延续到了今天。

中元节是中华民族拜神祭祖、追念先人的传统节日,其文化内核其实是敬祖尽孝,所以,大可不必因为鬼神之说而感到害怕。后来,随着佛教的传入,

《年节习俗考全图·中元节》

中元节包容的节俗比较复杂，既是民间的秋尝祭祖节，又是道家的中元节、佛教的盂兰盆节，都有慎终追远的传统，是俗道僧的三流合一。

323

中元节也有了"盂兰盆节"这个新称呼。现今的中元节，已经将我国传统民俗与道教、佛教等文化进行了融合，是流行于汉字文化圈内国家和海外华人、华侨之间的传统文化节日。

中元节河灯

因为各地区的民族、习俗和文化不尽相同，所以，中元节的民俗活动也是多种多样的，山西长子县会屠羊祭神，朔州会做儿童形状的面人互赠小孩；河南商丘会在门口悬挂纸旗、孟津县会放风筝；浙江桐庐县会在野地撒饭、天台县会在这日吃"饺饼"；江西吉安会焚化纸锭、安远县会焚香泡茶；等等。这些都是各地的中元节活动。而在我国东北部的吉林省吉林市，则会在松花江上放河灯，节日期间的江上会形成蜿蜒的星河，远看十分壮观。

放河灯也叫放荷灯，因为河灯的造型一般都是荷花的形状。在我国的汉文化中，放河灯是为了向已经故去的亲人表达哀思，当然，也有把心愿和祝福写在河灯上的情况，不过，这样的河灯通常在七夕女儿节即七月初七才会出现。

松花江上的"星河"

松花江是一条运输古道，从长白山下来的木材需要顺江通过，放排人才能到今天的吉林市。可是，松花江江道上水流复杂、暗藏险恶，稍有不慎，便会人排尽亡，很多健壮、勇猛的男子都丧命于此。每当有人在这里丧命，他们的家人就会来到松花江边，在江岸烧香摆供，并在扎好的灯上写上逝者的名字，在灯里点上蜡烛，让灯随流水远去，借以表达对家人的思念之情。

清朝顺治年间，水师营在这里建立，因为当时的工艺非常落后，所以，很多捞木、造船的工人就在这里失去了生命。于是，都统便在中元节这天，请僧人到江边做法事，超度死者的亡灵。而人们也会纷纷来到江边放河灯，就连一旁的山头、山谷、山道旁、古庙前也都会高高悬挂起莲花灯。这一天，围绕水师营的松花江周围，处处都是闪烁的烛光，与天上的星星遥相呼应，仿佛天上和地下都有一条闪耀的星河，也好像是分别的家人们在用另一种方式互诉哀思。

松花江放河灯是一种古老的民俗活动和宗教活动，但如今，早已与民间文化融为一体。这一中元节习俗承载着松花江畔人民的生死离别，也见证着吉林人民的勤劳勇敢，对当地民众有着特别的意义。现在的吉林市河灯种类繁多、样式新颖，扎河灯已然是吉林市的民间传统手艺，塔灯、莲花灯、西瓜灯等独特形制，成了松花江沿岸文化的一大特色，吸引了很多中外同胞前来参与。

图书在版编目（CIP）数据

非遗博览：传承东方韵味的文化遗产 / 朱辉著 . ——
北京：台海出版社，2024.1（2025.5 重印）
  ISBN 978-7-5168-3696-5

  Ⅰ . ①非… Ⅱ . ①朱… Ⅲ . ①非物质文化遗产 – 研究
—中国 Ⅳ . ① G122

  中国国家版本馆 CIP 数据核字（2023）第 200168 号

非遗博览：传承东方韵味的文化遗产

著　　者：朱　辉

责任编辑：徐　玥　　　　　　　　　封面设计：新华尤品
版式设计：马宇飞

出版发行：台海出版社
地　　址：北京市东城区景山东街 20 号　　邮政编码：100009
电　　话：010-64041652（发行，邮购）
传　　真：010-84045799（总编室）
网　　址：www.taimeng.org.cn/thcbs/default.htm
E - m a i l：thcbs@126.com

经　　销：全国各地新华书店
印　　刷：三河市嘉科万达彩色印刷有限公司
本书如有破损、缺页、装订错误，请与本社联系调换

开　　本：710 毫米 ×1000 毫米　　　1/16
字　　数：320 千字　　　　　　　　印　　张：21.5
版　　次：2024 年 1 月第 1 版　　　印　　次：2025 年 5 月第 2 次印刷
书　　号：ISBN 978-7-5168-3696-5

定　　价：68.00 元